Der perfekte Küchengarten

Aktuelle Methoden, Pläne, Sorten & Anbautipps

Peter Bauwens

LV·Buch

Herausgegeben von Kosmos Uitgevers B.V., Utrecht/Antwerpen
Originaltitel De nieuwe moistuin

Lektorat: Dr. Natalie Faßmann, Berlin
Übersetzung: Elke Adams, Köln
Innenlayout: Oranje Vormgevers
Titelgestaltung: Kristin Bertels, KreaTec im Landwirtschaftsverlag GmbH
Druck: Westermann Druck Zwickau GmbH

ISBN 978-3-7843-5419-4

Inhalt

„Rien de plus simple, ni de plus beau, qu'un potager"

(Nichts ist so schlicht, nichts ist so schön wie ein Küchengarten)

Sint Ignatius, 1491–1556

Natürlich mutete es etwas merkwürdig an, ein Buch mit dem Titel „Der perfekte Küchengarten" mit einem Zitat zu beginnen, das etwa vierhundert Jahre alt ist. Die Idee des Küchengartens hat sich jedoch durch die Zeiten nie geändert: Schlichtheit und Schönheit bilden noch immer die Grundlage bei der Gestaltung eines „essbaren" Gartens.

Wenn es hier jedoch um den modernen Küchengarten geht, muss auch so etwas existieren wie ein alter – besser gesagt ein Küchengarten alten Stils. Küchengärten gab es natürlich schon immer und sie haben seit Entstehung des Menschen eine starke Entwicklung erfahren.
Eine Zeit lang sah es danach aus, als verschwänden die Küchengärten. Durch die Industrialisierung traten neue, effizientere Arten der Nahrungserzeugung in den Vordergrund. Die Evolution, die unser Zusammenleben in den letzten Jahrhunderten mit Weltkriegen als eine Art Katalysator erfahren hat, war enorm. Wir entwickelten uns innerhalb kurzer Zeit von der Agrar- zur Industriegesellschaft.
Der Mensch wurde Teil des industriellen Prozesses und auch Landwirtschaft und Nahrungsversorgung wurden im großen Maßstab mechanisiert. Wirtschaftlichkeit rückte in den Vordergrund und große Gartenbaubetriebe sorgten für billige, nahrhafte und frische Produkte. Dosen, Einmachgläser und Tiefkühlung sorgten für lange Haltbarkeit und schnelle, effiziente Zubereitung. Selbst der Lebensmittelanbau im kleinen Stil zum Eigenverzehr wurde überflüssig.

Offensichtlich aber ist die Idee vom Küchengarten eng mit dem Menschen verbunden. Sogar in den Gärten der kleinen Arbeiterwohnungen um die großen Fabriken wurde Gemüse angebaut. Trotz der Tatsache, dass preiswerte Nahrung ganzjährig verpackt zur Verfügung stand, wurde dem Menschen die Selbstversorgung nicht gleichgültig. Schrebergärten gewannen an Beliebtheit, während der traditionelle Küchengarten ausschließlich auf Ernte ausgerichtet war. Wie große Zuchtbetriebe wurde der Garten so funktionell wie möglich in Anbauflächen eingeteilt. Der Boden wurde jährlich intensiv

Küsten-Meerkohl in Blüte

bearbeitet, mit Dünger versorgt und nach strikten Regeln mit Gemüse und Obst bestellt. Gestaltung, Diversität und Schönheit waren sicher nicht die Norm. Die Hauptfunktion der Küchengärten bestand in der Versorgung mit einem größtmöglichen Angebot an Basisgemüsen, um den Bauch zu füllen und den Hunger zu stillen.

Glücklicherweise liegt diese Zeit hinter uns. Wir bauen Gemüse nicht mehr an, um satt zu werden. Geschäfte, Märkte und ausgeklügelte Distributionssysteme stillen unser Verlangen nach Diversität, Geschmack und Frische auf unserem Tisch. Es besteht keine Notwendigkeit, Gemüse selbst zu züchten. Und doch gibt es gerade jetzt ein wachsendes Interesse an der Selbstversorgung. Mitten in großen Städten, unseren Betonwüsten, verlangt es Menschen nach einem Stück Boden, um selbst zu säen, wachsen zu lassen und zu ernten. Urban Gardening, der Anbau von Gemüse in der Stadt, liegt voll im Trend. Terrassen werden mit Töpfen gefüllt, Dachgärten sorgen für Grün und von diesem ist immer mehr essbar. Der neue Küchengarten ist nicht mehr nur effizient. Er stillt nicht nur den physischen Hunger, sondern vor allem unseren Hunger nach Selbstversorgung, unser Verlangen nach Anbau von Nahrung. Der neue Küchengarten spielt mit Farben und einer Diversität, die nicht transportiert, verpackt oder verkauft werden kann. In solchen Küchengärten sind die Regeln nicht so streng, die Möglichkeiten unbegrenzt und die Ernten reichlich. Außerdem züchten wir die Nahrungsmittel nicht nur für den Bauch, sondern auch nach Geschmack, Duft und Farben.

Der neue Küchengarten ist zu einer Art Statement geworden – weg von Effizienz und großem Maßstab in unserer überorganisierten Gesellschaft bildet er ein Stück unserer Identität. Wir sind nicht mehr mit übertriebenem Einsatz von Gift im Land- und Gartenbau und dem Trend zu immer mehr und immer schneller einverstanden. Dass wir die Ausbeutung billiger Arbeitskräfte in Niedriglohnländern nicht akzeptieren, dass wir übertriebene Verpackungen und teure, umweltschädigende Transporte leid sind. Der neue Küchengarten zielt auf Slow Food ab, Nahrung, die Zeit und Aufmerksamkeit erhält, die an der Pflanze reift und so ihr Aroma entwickelt. Es geht um alte und neue Rassen und Sorten, um echte Frische und viel mehr. Um die Tomatensorte, die viel aromatischer, „kommerziell aber nicht machbar ist". Es geht um Luxus, den selbst das teuerste Restaurant nicht bieten kann.

Der perfekte Küchengarten ist ein Spiegelbild unserer Gesellschaft: farbenfroh, ganz unterschiedlich, verspielt und mit reicher Biodiversität, die auch dem Menschen eigen ist. Der Küchengarten wächst im Rhythmus der Jahreszeiten, voller Schlichtheit und Schönheit.

Grundlagen im Küchengarten

Boden

Der Boden ist die Grundlage des Küchengartens. Traditionell nutzt man für ihn den schönsten, reichsten und besten Boden, der vorhanden ist. Diese Auswahl haben wir leider nicht mehr. Wir sind meist froh, wenn uns überhaupt Boden zur Verfügung steht. Der angelieferte Boden im Neubaugebiet, der verunreinigte in einem Stadtgarten und der überwucherte oder karge Boden in einem alten Ziergarten sind für den neuen Küchengärtner die größten Herausforderungen. Aber auch mit dem „hoffnungslosesten" Boden ist noch etwas anzufangen. Schauen Sie sich in der Umgebung um und stellen Sie fest, ob Sie hier mehr über die Bodenart und den Umgang damit lernen können. Unkraut, Anpflanzungen und traditioneller Land- und Gartenbau in der Umgebung können viel erzählen.
Bodenarten können in drei Typen eingeteilt werden: leichter Sandboden, humusreicher Gartenboden und schwere Lehm- oder Polderböden. Boden kann außerdem kalkreich oder sauer sein. Extreme Bodenarten sind die größte Herausforderung. Dünensand oder schwerer Flusslehm erfordert zusätzliche Arbeit, um für den Gemüseanbau geeignet zu sein. Kalk kann leicht zugegeben werden und auch Böden saurer zu machen, ist kein Problem.

Bodenverbesserung:

- leichter Sandboden, zu wenig Feuchtigkeit und Nährstoffe: Humus und Lehm einarbeiten;
- schwerer Lehmboden, zu wenig Luft und zu viel Feuchtigkeit: Humus und groben Sand einarbeiten;
- saurer Torfboden, zu sauer, wenig Struktur: Humus und Kalk einarbeiten;
- normaler Gartenboden, zu wenig Nährstoffe: Humus einarbeiten.

Bodenbearbeitung

Boden, der jahrelang nicht bearbeitet und genutzt wurde, ist meist dicht bewachsen oder zu sehr verdichtet. Er ist für Pflanzen und Saatgut nicht bereit und muss zu Anfang richtig bearbeitet werden. Abhängig von der Gartengröße kann das von Hand oder mit Maschinen erfolgen. Meist bietet es sich an, einen kräftigen Spaten oder die Grabegabel zu verwenden. So erfahren Sie viel über den Charakter des Bodens. Wenn Sie täglich ein paar Quadratmeter bearbeiten, ist der Garten in wenigen

Wochen bereit. Schutt, Abfall und Wurzelunkraut sofort entfernen. Wenn Sie mit Wiese oder Bewuchs beginnen, können Sie die Soden einen Spaten tief einarbeiten oder kompostieren. Verlassen Sie sich nicht zu sehr auf die Effizienz von Maschinen: Eine Fräse lockert den Boden nur oberflächlich. Unkrautwurzeln und Schutt müssen dann immer noch entfernt werden. Ihren Boden lernen Sie auf Knien und mit den Händen kennen.

Bodenverbesserung

Gerade durch den Kontakt mit dem Boden erfährt man, was er benötigt. Schweren, klebrigen Lehm kann man durch Zugabe von grobem Sand verbessern – leichter bearbeitbar und durchlässiger machen. Normaler Flusssand für den Bau ist ausgezeichnet. Extrem leichte, sandige Böden können mit Lehm als Beigabe feuchtigkeitshaltender gemacht werden. Saurer Torfboden verlangt nach etwas Kalk, ein kalkreicher, steiniger Boden nach zusätzlichem Humus. Es geht immer darum, einen durchschnittlichen Boden zu erhalten. Und das erzielt man nicht, indem man seinen Boden mit groben Mitteln und starken Eingriffen verändert, sondern indem man ihn nach Gefühl und über Jahre hin optimiert. Am besten ist es, jedes Jahr ein bisschen Lehm, Sand, Kalk oder Humus beizugeben und leicht einzuarbeiten. In der Wachstumszeit sollte der Boden regelmäßig bearbeitet werden, um diese bodenverbessernden Produkte gut mit dem ursprünglichen Boden zu vermischen. So wird der Boden immer weiter verbessert.

Den Charakter Ihres Bodens können und müssen Sie nicht ändern. Jede Bodenart hat Vor- und Nachteile. Und Sie müssen lernen, damit zu leben. Leichter Boden kann auch leicht bearbeitet werden. Dieser Boden erwärmt sich Frühjahr außerdem schnell und Pilze sind normalerweise kein Problem. Deshalb ist dieser Boden für Frühlingsgemüse und Kräuter ideal. Im Sommer muss jedoch zusätzlich gewässert werden. Mit schwerem Lehmboden können Sie erst später im Frühling starten, weil sich dieser Boden nicht so schnell erwärmt. Die Bearbeitung ist oft schwer, man kann jedoch große, reiche Ernten erzielen und die Bewässerung ist in der Regel unproblematisch. Kalk ist eines der wichtigsten Nährelemente für den Gartenboden. Kalk hält den pH-Wert Ihres Bodens im Gleichgewicht. Und nur, wenn dieser optimal ist, werden die Nährstoffe durch die Pflanzen optimal aufgenommen. Sie können den pH-Wert Ihres Bodens ganz einfach mit einem Spezialset messen. Es enthält Plastikröhrchen, in die Sie laut Gebrauchsanweisung Erde und mitgelieferte Flüssigkeit geben. Anhand des Ergebnisses können Sie zusätzlichen Kalk hinzufügen.

Lehm – Humus – Sand – Kalk

Pflanzennahrung

Pflanzen brauchen für ihr Wachstum Nahrung. Sie sind mit ihren Wurzeln im Boden verankert und nehmen über diese die meiste Nahrung auf. Wenn Sie auf einem neuen Stück Boden mit Ihrem Garten beginnen, werden Sie im ersten Jahr vermutlich eine gute Ernte aus dem „Vorrat" erzielen, den der Boden gespeichert hat. Bauen Sie im zweiten Jahr an derselben Stelle an, werden Sie feststellen, dass es schon nicht mehr so gut läuft. Der Vorrat ist verbraucht und Sie müssen dem Boden deshalb regelmäßig Nährstoffe hinzufügen, um ernten zu können. Traditionell werden dazu pflanzliche und tierische Abfallprodukte verwendet. Mist von Tieren – die Ausscheidungen von Kühen, Pferden, Schafen und Kaninchen – war lange ein beliebter Pflanzendünger. Bei der traditionellen Mischlandwirtschaft mit Pferden und Kühen als festem Bestandteil wurde der Mist dieser Tiere wieder im Kreislauf verarbeitet.
In der Landwirtschaft von heute verläuft alles getrennt, die meisten Produkte werden im großen Stil produziert: Düngemittel sind jetzt ein echtes Produkt und nicht länger Teil des Kreislaufs. Das gilt auch für Restprodukte unserer Fleischproduktion, die als Schlachtabfall (Knochenmehl, Blutmehl, Hornmehl) Bestandteil vieler hochwertiger Dünger sind. Die meisten dieser Produkte liefern Stickstoff, durch den die Pflanzen stark wachsen. In letzter Zeit kommt jedoch der Wunsch auf, diese Produkte nicht erneut in den Nahrungskreislauf zu bringen. Übrigens wird eine zukunftsorientierte Gesellschaft den übertriebenen Fleischkonsum und die damit einhergehende Verunreinigung drastisch einschränken müssen. Glücklicherweise gibt es eine gute Alternative. Pflanzlicher Dünger nutzt keine tierischen Produkte, zielt weniger auf den hohen Stickstoffwert, sondern arbeitet ähnlich der Evolution unserer eigenen Nahrung mit einem breiteren Angebot an Nährstoffen – unter besonderer Berücksichtigung von Mineralien und Spurenelementen.
Pflanzlicher Dünger besteht ebenfalls aus Restprodukten der groß angelegten Industrien. Restabfall von Soja, Kakao, Baumwolle, Flachs, Rüben und Malz enthalten ausreichend Nahrung für neuen Pflanzenwuchs. Aber auch Pflanzen wie Luzerne, Mais und Stroh enthalten nützliche Nährstoffe, die wir direkt an die Pflanzen geben können. Vielleicht möchten Sie jedoch eigene Pflanzennahrung zusammenstellen, frei von jeglichem Industrieabfall, unabhängig von externer Lieferung. Auch das ist kein Problem. Sie können sich für Kompost, Pflanzenjauche oder Gründüngung entscheiden.

Ein reichhaltiger Kompost wird aus einer großen Vielfalt Ihres „Gartenabfalls" aufgebaut.

Ein Kompost ist eine Sammlung verschiedener pflanzlicher Abfälle. Sie legen ihn am besten an einem halbschattigen Platz an und füllen den Kasten bzw. Haufen von mindestens einem Quadratmeter Größe mit Garten- und Gemüseabfall, Blättern, Zweigen, Gras ... und was Sie sonst noch finden. Auf möglichst unterschiedliches Material achten und alles in dünnen Schichten auf dem Haufen bzw. im Kasten anhäufen. Wenn der Haufen etwa einen Meter hoch ist, fängt er langsam an, einzusinken. Dann wissen Sie, dass Sie auf dem richtigen Weg sind: Die Zersetzung kommt in Gang. Sie können ihn weiter auffüllen, zur großen Freude vieler hundert Würmer und tausender Mikroorganismen, die alles in schwarzen Humus umwandeln. Nach ungefähr einem Jahr ist der Kompost reif.

Folgendes gehört nicht auf den Kompost:

- gekochte Lebensmittel;
- gefärbtes Papier und Pappe;
- menschliche Ausscheidungen;
- große Mengen extrem feuchten oder extrem trockenen Materials.

Das darf auf den Kompost:

- alle Gartenabfälle;
- Papier und Pappe;
- Gemüse- und Obstabfall;
- Holz.

Diese Produkte können direkt im Garten verwendet werden oder Ihrem Kompost zusätzliche Nährstoffe liefern. Sie können auch komplett pflanzlichen Dünger wählen, in dem eine Reihe dieser Produkte zu einer balancierten, allgemeinen Pflanzennahrung zusammengestellt ist. Stickstoffreiche Produkte werden ein paar Wochen vor dem Pflanzen oder Säen in den Boden eingearbeitet. Humusreiche Produkte können das ganze Jahr verwendet werden.

Humus

Jede Art der Pflanzennahrung steht und fällt mit Humus. Reiner Sand oder Lehm enthält keinen Humus und somit auch keine oder wenig Nährstoffe. Humus sorgt nicht nur für bessere Struktur und Bearbeitbarkeit des Bodens, sondern bewahrt auch die meisten Nährstoffe im Boden. Außerdem bringt der leichte, luftige Humus Luft in den Boden. Denn so absurd es auch klingen mag, Pflanzen benötigen in Wurzelhöhe auch Luft. Humus reguliert das perfekt.

Der Ansatz um die Pflanzendüngung darf daher nicht gerichtet sein auf: „Welche Düngung benötigt diese Pflanze?". Man sollte vielmehr fragen: „Wie biete ich den Pflanzen in meinem Garten eine hohe Diversität an Nahrung und wie sorge ich dafür, dass Struktur und der richtige Austausch an Nährstoffen zwischen Pflanzen und vorhandenem Humus entstehen?". So können die Pflanzen selbst aus dem Nährstoffangebot wählen. Kompost, Gründüngung und pflanzliche Stoffe versorgen Ihren Garten mit einem reichen Vorrat an Humus.

Wasser

Ist Humus verfügbar, ist der Boden voller Nährstoffe, gibt es einen weiteren, wichtigen Punkt – das Wasser. Wasser sorgt für den Transport der Nährstoffe zur Pflanze. Und der Humus bewirkt, dass Wasser im Boden gehalten werden kann. Auch die Struktur des Bodens ist wichtig. Sandige Böden halten Wasser schlecht, sie lassen z. B. Regenwasser schnell in tiefer liegende Bodenschichten durchsickern. Eine bessere Struktur mit etwas zusätzlichem Humus verbessert diese Situation. Lehmböden halten das Wasser dagegen häufig fest. Humus und Dränage in Form von Sand stellen das Gleichgewicht her. Der Lohn der ganzen Mühe mit der Bodenverbesserung sollte ein schöner, duftender, dunkler und abwechslungsreicher Boden sein. Man sollte jedoch nicht übertreiben. Sandboden darf Sandboden bleiben, schwerer Lehm wird trotz aller Mühen immer anders aussehen. Es ist nicht Sinn der Sache, dass Sie Ihren Garten in eine Art Blumentopferde aus reinem Humus ohne Charakter verwandeln. Gärtnern bedeutet jedoch, dass man sich ständig mit dem Boden beschäftigt, der Basis, denn darauf baut der weitere Erfolg auf.

Gemüse und Wasser

Gemüse wie Salat bestehen zu über 90 Prozent aus Wasser. Es ist also kein Wunder, dass sie auch im Wachstum viel Feuchtigkeit benötigen. Die regelmäßige Versorgung erfolgt vor allem über den Boden, in dem das Wasser im Humus gespeichert ist. Bodenbedeckung sorgt für zusätzlichen Humus, dämmt die Verdunstung ein, hält den Wasserpegel im Boden und das Wasser so für die Pflanzen verfügbar. Humus, Wasser, Nährstoffe und Bodenbedeckung sind daher eng miteinander verbunden.

Praktisches zum Wasser

Wasser ist wichtig. Legen Sie deshalb einen eigenen Vorrat an, sodass die Pflanzen in Trockenzeiten zusätzliches Wasser erhalten können. Fangen Sie Regenwasser in Wannen und Tonnen auf, sodass Sie kein Leitungswasser zur Pflanzenversorgung und Überbrückung von Trockenperioden benötigen. Wenn Sie gießen, müssen die Wurzeln der Pflanzen erreicht werden. Hacken Sie zunächst den Boden, damit das Wasser schnell und tief eindringen kann. Legen Sie eventuell eine Rinne an, sodass die Flüssigkeit an der richtigen Stelle tiefer einsickern kann. Nicht täglich ein bisschen, sondern einmal pro Woche kräftig gießen.

Gießen

Gießen Sie Ihre Pflanzen sehr früh am Morgen oder am Ende eines heißen Tages. Der späte Nachmittag ist ein guter Zeitpunkt, dann können die Pflanzen vor Einbruch der Nacht oberflächlich trocknen und der Boden kann die Feuchtigkeit gut aufnehmen. Sind die Pflanzen in einer schwülen Nacht klatschnass, besteht das Risiko für Pilzbefall. Verwenden Sie weiches Regenwasser mit Umgebungstemperatur. Pflanzen lieben kaltes Leitungswasser nicht.

Unkraut

Der Boden ist jetzt endlich in Ordnung. Und was erscheint? Auch ohne Aussaat oder andere Maßnahmen wächst im Garten alles Mögliche. „Unkraut" ist eine sehr allgemeine und nicht gerade respektvolle Bezeichnung für tausende Pflanzen, die spontan im Garten wachsen. Vergessen Sie die Vorstellung von einem Garten ohne Unkraut – das kann nicht funktionieren! Sie müssen lernen, mit Unkraut zu leben, und lernen, es zu beherrschen.

Mulchen

Weil das Unkraut versucht, den Boden zu bedecken, können Sie es überflüssig machen. Das funktioniert mit Bodendeckern oder Mulchen. Dabei decken Sie den Boden zeitweise oder permanent vollständig ab. Ist kein nackter Boden vorhanden, gibt es für junge Sämlinge kein Licht und somit keinen Grund für Unkräuter, zu keimen. Eine dicke Schicht Stroh, eine dünne Schicht Rasenschnittgut, Blätter oder einfach eine Lage gewebtes Unkrautvlies sorgen dafür, dass an diesen Stellen kein oder viel weniger Unkraut wächst. Außerdem hält eine organische Bodenbedeckung Feuchtigkeit im Boden und reiches Leben voller Würmer wird angeregt. Unten vermodert das Mulchmaterial und kann als Humus eingearbeitet werden.

Beispiele für Mulchmaterial:

- Holzhäcksel: preiswert und langlebig, zieht jedoch zwischen Sträuchern und auf Wegen Stickstoff oberflächlich heraus
- Stroh: preiswert, aber nicht langlebig, kann überall verwendet werden
- Rasenschnitt: kostenlos, nicht in dicken Schichten auslegen. Kann überall verwendet werden
- Kakaoschalen: teuer. Sie sind zusätzliche Pflanzennahrung. Nur zwischen Pflanzen verwenden, die zusätzlichen Dünger benötigen
- gejähtetes Unkraut: immer vorhanden, aber darauf achten, dass es nicht erneut wächst. Zwischen den Reihen verwenden;
- gewebte Unkrautfolie: leicht und dünn, leider jedoch nicht sehr schön. Sie kann jedoch mit Mulch bedeckt werden. Auf Wegen und zwischen Sträuchern verwenden;
- Unkrautschutzmatten aus Naturmaterial: sehr teuer, aber überall einsetzbar.

Essbare Unkräuter bilden eine reizvolle Ergänzung zum normalen Gemüsesortiment. Eine Brennnesselsuppe im Frühling oder eine Gemüsetarte mit Vogelmiere schmecken ausgezeichnet!

Bodenabdeckung aus Kakaoschalen an Lauch, Stroh an Erdbeeren und Holzhäcksel mit Feldsalat

Säen, ausdünnen, pikieren und aufziehen

Säen

Zu den wichtigsten Gartenarbeiten zählt die Aussaat. Indem Sie dem Boden Saat anvertrauen, gründen Sie die Basis für die neue Ernte.

Säen müssen Sie zum richtigen Zeitpunkt am richtigen Ort mit Qualitätssaatgut. Auf jedem Saatgut und in jedem guten Gartenbuch finden Sie Hinweise zum Zeitpunkt. Meist werden die Aussaatzeiträume in Monate, besser noch in Monatshälften eingeteilt: „zweite Monatshälfte März“, „Anfang Mai“ oder „vor dem 15. September“. Die Angaben sind allgemeine Richtlinien und dienen der Hilfe, nicht der Verpflichtung. Wenn es Mitte März noch friert und nass ist, dann dürfen und müssen Sie noch ein paar Wochen warten, ohne dass Sie damit ihre Erfolgschancen verspielen. Wenden Sie die Richtdaten daher mit Spielraum an und ergänzen Sie diese mit den Wetter- und Bodenbedingungen.

Der Boden wird für die Aussaat gut vorbereitet. Das bedeutet unkrautfrei, gut belüftet und mit ausreichend Nahrung versorgt. Unkraut bildet ist die wichtigste Konkurrenz für die jungen Sämlinge, die abhängig von Sorte und Witterungsbedingungen ein, zwei oder drei Wochen nach der Aussaat zum Vorschein kommen. Samenunkräuter können noch gejätet, ausgezogen oder gehackt werden, das Entfernen von Wurzelunkräutern wird Ihre junge Aussaat jedoch vermutlich unwiederbringlich schädigen. Nehmen Sie sich daher Zeit, die Aussaatstelle gut vorzubereiten. Berücksichtigen Sie auch die Ansprüche jeder Pflanze, die Sie aussäen. Pflanzen benötigen Licht, Sonne und oft auch zusätzlichen Schutz. Meist bietet ein Garten eine ganze Mikroklimaskala an. So sind einige Bereiche warm und geschützt, andere sonnig, aber windig und wieder andere bieten ein bisschen Schatten. Suchen Sie für jede Pflanze, Saat oder Arbeit möglichst den richtigen Platz: ein geschütztes, sonniges Aussaatbeet für junge, frühe Saaten, einen offenen, frischen Platz für die starken Pflanzen und eine sonnige, heiße Ecke für Wärmeliebhaber. Dasselbe gilt auch für den Zustand des Bodens. Handelt es sich um Boden, der mit Bergen von Kompost versorgt ist oder um eine Stelle, in der im letzten Jahr kaum Zusatznahrung gegeben wurde? Mit

Viel zu dicht gesät. Als Pflücksalat verwendbar, die Pflanzen haben jedoch zu wenig Platz zum Wachsen.

Etwas weiter, hier muss jedoch dringend ausgedünnt werden, um allen Pflanzen ausreichend Platz zu verschaffen.

Das sieht schon besser aus. Hier haben die Pflanzen mehr Platz und können sich gut entwickeln.

flüssigem Pflanzendünger und Mulch können Sie während des Wachstums zusätzlich Nahrung zuführen. Die Basis jedoch muss bereits im Boden vorhanden sein. Es gibt nun einmal Pflanzen, die viel vom Boden verlangen, und solche, die ohne viele Extras einfach besser wachsen.

Saatabstand

Säen im Garten erledigen Sie so wie alles andere: mit Geduld. Nehmen Sie sich ruhig Zeit, legen Sie das Saatbeet eben an, ziehen Sie Furchen oder harken Sie das Beet schön glatt. Dann säen Sie aus. Der häufigste Anfängerfehler besteht in zu dichter Aussaat. Sie können in Reihen in Furchen oder breitwürfig säen. In Reihen ist es einfacher, weil die jungen Sämlinge dann schön geordnet zum Vorschein kommen und Sie besser erkennen, was erwünscht ist und was gejätet werden muss. Bei Aussaat in Reihen kann außerdem gut in den Zwischenräumen gehackt werden. Breitwürfiges Säen geht schneller, klappt aber nur auf gut unkrautfreiem Boden oder mit Pflanzen, die schneller als das Unkraut wachsen. Jäten sollte sorgsam ausgeführt werden, Sie müssen die jungen Sämlinge gut erkennen und von den jungen Unkrautsämlingen unterscheiden können.

Säen Sie in jedem Fall mit viel Abstand. Sollen Ihre Radieschen schließlich in 2 bis 3 Zentimetern Entfernung voneinander wachsen, die doppelte Anzahl säen (1 bis 1,5 Zentimeter Abstand). Nehmen Sie kleine Samenmengen zwischen Daumen und Zeigefinger und bewegen Sie sie vorsichtig mit einer Drehbewegung, sodass die Samen schön nebeneinander in die Saatfurche gelangen. Bei großen Samen wie denen von Radieschen ist das meist kein Problem, aber kleine Samen wie die von Zwiebeln, Salat und Möhren verlangen mehr Geduld und Geschick. Durch dünnes Aussäen gewähren Sie den jungen Sämlingen von Anfang an Raum zum Wachsen. Das nervtötende Vereinzeln wird überflüssig und die jungen Pflanzen wachsen ohne Unterbrechung weiter. Samen kommen durchschnittlich 0,5 bis 1 Zentimeter tief in den Boden. Größere Samen dürfen tiefer ausgesät werden, sehr feine Samen werden fast an der Oberfläche ausgebracht. Eine Faustregel besagt, dass Samen um das Siebenfache ihrer Dicke in den Boden gehören. Erbsen, Bohnen, Mais und Kürbisse also 2 bis 3 Zentimeter tief aussäen, während bei Salat, Möhren und Zwiebel etwa 0,5 Zentimeter ausreichen.

Nach der Aussaat fülle ich die Saatvertiefungen und drücke das ganze Saatbeet eventuell noch etwas an. Falls nötig, wässere ich mit einer feinen Brause und dann heißt es abwarten. Saatgut braucht zum Keimen Feuchtigkeit, man kann in Trockenzeiten also nach einigen Tagen nochmals vorsichtig gießen.

Aussaat

Saatgut ist überall bequem erhältlich. Meist ist es gut verpackt in farbenfrohen Tütchen mit Illustrationen, Fotos und einfachen Basisinformationen. Lassen Sie sich ruhig verführen, bleiben Sie dabei aber nüchtern und praktisch oder lassen Sie sich beraten. Die meisten Anfänger kaufen zu viel für ihren Garten. Überlegen Sie vorher, zu was Sie Lust, den geeigneten Platz und genügend Geduld haben. Radieschen und Salat sind nun mal einfacher und schneller zu ziehen als Knoblauch und Zwiebeln. Und Sie brauchen wirklich keine fünf Tütchen Rucola oder Rotkohl – das reichte vermutlich für den ganzen Garten.

Die Qualität des Saatguts wird durch Frische und Haltbarkeit bestimmt. Das meiste Saatgut im Handel ist zwischen 2 und 5 Jahre alt und macht keine Probleme. Möhren und Zwiebeln verlieren einen Teil ihres Keimvermögens nach 2 Jahren, aber Kürbisse und Tomaten haben selbst nach bis zu 7 Jahren kaum Schwierigkeiten, zu keimen. Eine Bedingung ist jedoch, dass Saatgut trocken, kühl und ohne starke Temperaturschwankungen gelagert wird.

Saatgut ist recht teuer, behandeln Sie es also mit Respekt. Durch geduldiges Säen holen Sie aus einem Tütchen oft eine Reihe mit mehreren Metern Länge heraus, ausreichend für die ganze Familie. Was übrig ist, können Sie für die nächste Saison verwahren. Denken Sie jedoch daran: Saatgut ist für den Boden bestimmt, nicht zur jahrelangen Lagerung im Schrank. Säen Sie nicht das ganze Tütchen auf einmal aus. Bei ungünstiger Witterung kann die erste Aussaat misslingen und dann haben Sie noch etwas übrig, um nach einigen Wochen eine Nachsaat vorzunehmen.

Ausdünnen (Verziehen)

Kommen die jungen Sämlinge begeistert zum Vorschein, wird es bald Zeit zum Ausdünnen. Das bedeutet konkret, dass Sie den jungen Pflanzen Stück für Stück ausreichend Raum geben, um sich gut zu entwickeln. Gleichzeitig wählen Sie die stärksten Exemplare aus und ziehen schwache Pflanzen oder zu dicht stehende resolut heraus. Haben Sie dünn gesät, ist das Ausdünnen schnell und problemlos erledigt oder vielleicht sogar ganz überflüssig. Kommen hunderte Sämlinge an einer kleinen Stelle zum Vorschein, ist es eine echte Aufgabe, alles auszudünnen und Platz zu schaffen. Durch das Herausziehen vieler Pflanzen erleiden im Boden verbleibende

Viel zu eng gesät, 20 Pflanzen auf 15 Zentimeter-Reihe: Ausdünnen dringend erforderlich.

Dieselbe Reihe nach dem Ausdünnen: 5 Pflanzen im entsprechenden Abstand

Sämlinge häufig Schäden oder zumindest einen Wachstumsstillstand. Geben Sie den restlichen Pflanzen, die nach dem Ausdünnen oft ein bisschen traurig und hilflos stehen, etwas zusätzliches Wasser, sodass diese sich schnell erholen können.

Vereinzeln (Pikieren)

Pikieren bedeutet, dass Pflanzen ausgesät werden, um sie dann an anderer Stelle im Garten weiter wachsen zu lassen. Die Pflanzen werden im Wartebeet in Reihen vorkultiviert. Das ist ein vorübergehendes Saatbeet, schön warm, geschützt und sonnig gelegen. Kommen die jungen Sämlinge zum Vorschein, werden sie ausgedünnt, bis sie jeweils einige Zentimeter Platz zur Entwicklung haben. Sie wachsen einige Wochen weiter, bis sie etwas kräftiger sind. Dann werden sie einzeln mit den Wurzeln aus dem Boden geholt und mit dem richtigen Pflanzabstand an ihren endgültigen Platz in den Garten gepflanzt. Pikiert werden Pflanzen, die erst etwas zusätzlichen Schutz benötigen (ein Wartebeet kann zeitig im Frühjahr z. B. mit Vlies abgedeckt oder auf der Fensterbank eingerichtet werden) und Pflanzen, die viel Platz für ihre weitere Entwicklung brauchen, z. B. Kohl. Ein Wartebeet ist eine Art Kindergarten, aus dem die Pflanzen später zu ihrem endgültigen Standort umziehen. Vereinzeln erfolgt am besten an einem regnerischen oder bewölkten Tag. Oder Sie geben nach dem Pikieren ausreichend Wasser, sodass der Schock durch das Umpflanzen so gut wie möglich aufgefangen wird und das Wachstum schnellstmöglich wieder einsetzt.

Manchmal kann Säen mit Pikieren kombiniert werden: Pflanzen wie üblich in einer Reihe aussäen. Sind die Pflanzen etwas gewachsen, können die jungen Pflanzen, die aus der Reihe entfernt werden müssen, vorsichtig ausgegraben und in eine zweite Reihe an anderer Stelle im Garten umgesetzt werden.

Ausgedünnte Jungpflanzen

Zum Pikieren geeignet

Direktsaat

Pflanze	Zeitpunkt	Tiefe	Ausdünnen	Pikieren
Endivie	April, Juni	0,5 cm	20 bis 40 cm	ja
Rote Bete, Mangold	April, Juni	1 cm	10 bis 30 cm	ja
Bohnen	Mitte Mai bis Juli	2 cm	3 Samen alle 20 cm	nein
Brokkoli	April bis Juni	1 cm	30 bis 60 cm	ja
Zucchini	Mai bis Juni	2 cm	100 cm	ja
Erbsen	Februar bis Mai	2 cm	2 Samen alle 10 cm	nein
Pastinaken	Februar bis April	1 cm	10 cm	nein
Kürbis	Mai	2 cm	100 cm	ja
Lauch	März bis April	1 cm	5 bis 15 cm	ja
Kohl	März bis Juni	1 cm	30 bis 60 cm	ja
Gartenmelde	März bis August	1 cm	10 bis 20 cm	nein
Radieschen	März bis Mai	1 cm	3 cm	nein
Schwarzwurzel	März bis Mai	1 cm	10 bis 15 cm	nein
Bleichsellerie	April bis Juni	0,5 cm	10 bis 40 cm	ja
Salat	Februar bis August	0,5 cm	3 bis 30 cm	ja
Spinat	Februar bis August	1 cm	5 bis 30 cm	nein
Dicke Bohnen	Februar bis März	2 cm	1 Samen alle 15 cm	ja
Zwiebeln	März bis Juni	1 cm	10 cm	nein
Feldsalat	März bis September	1 cm	3 cm	nein
Möhren	Februar bis Juni	0,5 cm	5 bis 15 cm	nein

Pflanzgut

Pflanze	Aussaat	Temperatur	Eintopfen	Auspflanzen	Pflanzabstand
Kartoffeln	Pflanzgut Knollen	-	im Haus vorkeimen	April	50 cm
Topinambur	Pflanzgut Knollen	-	-	im Winter	30 cm
Zwiebeln	Pflanzgut	-	-	März	10 cm
Artischocken	März	20° C	April	Mai	50–100 cm
Aubergine	Februar	25° C	April und Mai	Juni	50 cm
Kohl	Februar	10–15° C	März	April	50–60 cm
Salatgurken	April	20° C	Anfang Mai	Ende Mai	50–100 cm
Melonen	April	20° C	Anfang Mai	Juni	50–100 cm
Paprika	Anfang März	20° C	April	Ende Mai	50 cm
Tomaten	Ende März	20° C	April	Mitte Mai	50 cm

Pflanzenaufzucht

Will man noch einen Schritt weitergehen, kann man Pflanzgut selbst ziehen. Die meisten überlassen das dem Profigärtner, ist aber ein Gewächshaus, eine helle Fensterbank oder ein spezieller Anzuchtkasten vorhanden, kann man es auch selbst versuchen. Das meiste Pflanzgut wird bei hohen Temperaturen und in spezieller Anzuchterde gezogen. In der zusätzlichen Wärme keimen Pflanzen wie Tomaten, Paprika und Auberginen schon ab März. Auch hier nicht zu eng und am besten in Anzuchterde aussäen. Das Keimen geht unter solchen Bedingungen meist schnell. Aber auch das Gleichgewicht zwischen Wärme, Licht, Feuchtigkeit und Belüftung ist wichtig. Die jungen Sämlinge werden nach einigen Wochen aus der Saatschale geholt und etwas tiefer in Töpfe mit Blumenerde gesetzt. Wieder bei ausreichend Wärme, Feuchtigkeit und Licht wachsen sie dort weiter, bis sie im Garten oder unter Glas ausgepflanzt werden können.

Säen Sie nicht wie die Profis sehr früh, um großes, schweres Pflanzgut zu erhalten. Der eigene Garten oder die Fensterbank bieten dafür meist nicht die idealen Bedingungen. Versuchen Sie einfach, den Pflanzen mit den vorhandenen Mitteln ein wenig Vorsprung zu verschaffen.

Gartengeräte

Mit den Händen im Boden zu wühlen und so Struktur, Feuchtigkeit und Stärke des Bodens zu spüren, ist herrlich. Ab und an benötigen Sie jedoch Gartengeräte, um alles ein bisschen zu beschleunigen.

Gartengeräte sind in vielen Qualitäten und in den letzten Jahren auch in beeindruckender Vielfalt erhältlich. Manch Gartenliebhaber lässt sich dann auch in der Annahme, die Arbeit werde so viel leichter, zur Anschaffung eines ganzen Arsenals an Gerätschaften verleiten. Sie brauchen nicht viel, um gut arbeiten zu können. Die Qualität jedoch ist wichtig.

Überlegen Sie genau, was Sie wirklich brauchen. Zur groben Urbarmachung sind Spaten und Grabegabel sehr praktisch. Eine solide Harke komplettiert das Trio. Zur Pflege sind Hacke, Kultivator und Schuffel nützlich. Kaufen Sie diese Geräte nach Maß und angepasst an Ihren Garten. Bei einer Körpergröße von 1,65 Metern und leichtem Boden reicht ein leichter Spaten aus, jemand mit 1,85 Metern Größe und schwerem Lehmboden entscheidet sich besser für eine schwerere Ausführung. Fühlen Sie bei jedem Gerät, ob es gut in der Hand liegt und Sie gut damit arbeiten können. Bei Handgeräten ist die Größe nicht so wichtig, aber das Gefühl. Ist das Material leicht und das Design wendig? Liegt es gut in der Hand?

Lackierte Metallhacken und Harken sehen hübsch aus, verlieren ihre farbenfrohe Beschichtung jedoch schnell. Rostfreies Material ist teuer, aber praktisch. Hüten Sie sich vor allzu verrückten Modellen, sie funktionieren nicht immer gut oder sind nur zum eingeschränkten Gebrauch geeignet. Eine Handschaufel, Handhacke oder -harke und eine Schnur mit Pflanzhölzern sind die Basis. Wir arbeiten gern mit Geräten aus Kupfer. Das Material ist leicht, rostfrei, immer scharf, unser leichter Boden haftet daran nicht und das ganz einzigartige Sortiment bietet ein paar spezielle, aber sehr praktische Hilfsmittel. So ist die Jätschlinge „Nunki“ ein wunderbares Werkzeug, um zwischen Pflanzen zu jäten oder den Boden zu lockern. Sie ist leicht, wendig, praktisch und immer scharf.

Zweckmäßig sind außerdem eine gute Gartenschere, eine solide Gießkanne aus Kunststoff mit feiner und grober Brause, warme, leichtgewichtige Stiefel und ein paar geschmeidige Gartenhandschuhe (aus angenehmem Material). Eimer und Schubkarre machen die Grundausstattung perfekt.

Pflanzen im Küchengarten

Bataviasalat

Maravillo de verano

Laibacher Eis

Eisbergsalat

Red Velvet

Biscia Rossa

Blattgemüse

Die Hauptgruppe im Küchengarten stellen die Blattgemüse. Der Trend in der modernen Ernährung geht hin zu frisch, roh und unbehandelt. Blattgemüse sind dabei ein wichtiger Faktor. Ihre hervorstechendsten Eigenschaften bestehen darin, dass sie das ganze Jahr über gezogen werden können, in all ihren Formen vom Sämling bis zur erwachsenen Pflanze essbar sind und schnell wachsen. Sie bilden die perfekte Basis für schnelle, frische Salate, sind aber auch die wichtigste Zutat für einen guten Eintopf.

Salat

Salat – klassischer Kopfsalat, Kraussalat, Eissalat oder Eichblattsalat – ist eine schnell wachsende Pflanze. Sie kann ab März ausgesät werden. Gerade im kühlen Frühjahr und milden Herbst entwickelt sich Salat optimal. Für schnellen Wuchs und saftige Blätter braucht Salat milde, humusreiche Nahrung und natürlich ausreichend Wasser. Vor allem in den Sommermonaten möchte Salat gern zusätzliches Wasser, es gibt jedoch auch entsprechende Sommersorten wie den hohen Romanasalat, der extreme Temperaturen besser verträgt. Salat wird im Garten direkt in Reihen gesät. Junge Sämlinge können einfach im gewünschten Pflanzabstand versetzt werden, abhängig von der Sorte. Salat kann ohne Ausdünnen oder Verpflanzen auch in der Reihe als Pflück- oder Schnittsalat ausgesät werden. Die Pflanzen werden bei geringem Pflanzabstand als Miniköpfe geernet. Setzt man sie 20 bis 40 Zentimeter auseinander, können sie zu großen Einzelköpfen heranwachsen.

Endivie

Endivie wird wie Salat gesät. Sie haben die Wahl zwischen wild gekräuselten (ideal im Sommer) und traditionelleren, runden Blattformen, die kältebeständiger sind. Bei ausreichender Größe können die Pflanzen zusammengebunden werden. Die inneren Blättern bleichen dann, erhalten eine knackigere Struktur und einen milderen Geschmack. Als Schnitt- und Pflücksalat eignen sich vor allem die gekräuselten Sorten. Die Pflanzen wachsen dann schnell, sind leicht zu schneiden oder zu ernten und bilden attraktiv gekräuselte Kanten im Garten.

Cerbiatta

Crisp Mint

Eichblattsalat

Kraussalat

Mini-Eichblattsalat

Forellenschluss

Buttersalat

Red Romaine

Salatsetzlinge

Sellerie

Sellerie ist eine auffallende Gartenpflanze mit sehr aromatischen Blättern auf den langgestreckten Stängeln. Die Aussaat der feinen Samen erfordert etwas Geduld. Am besten gelingt es mit Vorsaat im Haus – geschützt und etwas wärmer. Junge Pflanzen können Ende April ins Freie gesetzt werden. In den Sommermonaten kann direkt gesät werden. Auch bei Sellerie kann zwischen Einzelpflanzen mit 20 bis 30 Zentimetern Abstand oder einer Art „Schnittsellerie" in einer Reihe variiert werden. Sie haben die Auswahl aus grünem Bleichsellerie, dem zartgelben, dem auffallend violetten und dem Knollensellerie. Letzterer kann über den Winter in feuchtem Sand im Keller eingelagert werden und steht so den Winter über zur Verfügung.

Knollensellerie wird ähnlich gesät, aber mit mehr Aufmerksamkeit, mehr Dünger und etwas größerem Pflanzabstand (50 Zentimeter) wird vor allem die Entwicklung der dicken, schweren Knollen angeregt. Übrigens sind auch die Blätter des Knollenselleries essbar.

Mangold

Mangold ist eine Variante der normalen Rübe mit kräftig entwickelten Blattstielen und Blättern, ein Blickfang im Küchengarten. Ab April kann er direkt gesät werden, junge Pflanzen können, falls nötig, verpflanzt werden. Je mehr Platz die Pflanze erhält, desto kräftiger und voller entwickelt sie sich. Bei 50 Zentimetern Abstand in schwerem Boden können die Pflanzen eine Höhe von fast einem Meter und 50 bis 60 Zentimeter Breite erreichen. Mangold kann als junges Schnittgemüse oder als auswachsene Einzelpflanze verwendet werden. Die Pflanze ist in spektakulären Farben erhältlich:

Sellerie ist in klassischem Grün, Zartgelb oder Tiefrosa erhältlich

Mangold, hier in Weiß und Zartrosa, ist der absolute „Topper" im Küchengarten, leicht zu kultivieren, farbenfroh und fast ganzjährig zu ziehen.

Weiß, Rahmgelb, Tiefgelb und Orange, Rot, nahezu fluoreszierend Violett und Tiefrot. Mangold ist einigermaßen winterhart und zeigt nach dem Überwintern meist eine prächtig gefärbte Blüte und Samenstände.

Spinat

Spinat stellt man sich meist als Blattgemüse vor, von dem man große Mengen benötigt. Großblättrige Sorten können jedoch auch schön zu Einzelköpfen gezogen werden, die in reichen Böden eine Breite von 40 bis 50 Zentimetern erreichen können. Spinat ist wie Salat ein Gemüse, das kühle Wachstumsbedingungen liebt. Das zeitige Frühjahr und der milde Herbst liegen den Pflanzen mehr als die Hitze des Sommers, auf die Spinat meist mit schnellem Schießen und Samenbildung reagiert. Sie haben die Wahl zwischen groß- und kleinblättrigen, Sommer- und Wintersorten.

Gartenmelde

Die Gartenmelde ist ein Gemüse, das viel mehr Aufmerksamkeit verdient hätte. Die Samen können fast ganzjährig gesät werden und keimen ab dem zeitigen Frühjahr. Einfach direkt in den Garten säen, das Verpflanzen gelingt nicht immer gut. Geben Sie den Pflanzen 30 Zentimeter Platz. Junge Spitzen und die Spitzen der zahlreichen Verzweigungen verwenden. So ernten Sie über einen langen Zeitraum und halten die Pflanzen kompakt. Die Pflanzen erreichen bis zu einen Meter Höhe und bilden nach der unauffälligen Blüte schöne, farbige Fruchtstände. Es gibt den grünen Klassiker sowie zartgelbe, rote und violette Varianten. Lassen Sie eine der Pflanzen mit den schönsten, auffallendsten Farben blühen und Samen bilden, dann sind Sie jahrelang mit spontanen Sämlingen quer durch den Garten versorgt.

Blattgemüse	**Aussaat**	**Ernte**
Salat	Februar–August	ganzjährig
Endivie	April–Juli	Juni–Dezember
Sellerie	März–Juni	Mai–Dezember
Mangold	April–August	Juni–Dezember
Spinat	Februar–September	April–Dezember
Gartenmelde	Februar–Juni	April–November

Fruchtgemüse

Auch Fruchtgemüse sind ein wichtiger Teil unserer Gartenernte. Sie erfordern etwas mehr Geduld beim Anbau. Bei diesen Gemüsen wird zunächst die Pflanze gezogen, dann die Blüten- und Fruchtbildung abgewartet und schließlich noch die Reife, bevor wir endlich probieren können. Etwas mehr Geduld, etwas mehr Pflege, aber die reiche Ernte ist aller Mühe wert.

Tomaten

Tomaten gehören zu den beliebtesten Gemüsen. Nicht nur im Supermarkt, auch im Küchengarten erhalten sie viel Aufmerksamkeit. Tomaten sind regenempfindlich und haben einen hohen Wärmebedarf. Werden Sie jedoch Ende März im Haus gesät und ein- bis zweimal pikiert, dürfen sie Ende Mai ins Freie.

Es gibt die klassischen Stabtomaten, bei denen die Geiztriebe regelmäßig entfernt werden. Die Haupttriebe werden dann an einen Draht oder Stab gebunden. Buschtomaten dürfen ohne weitere Bearbeitung niedrig in der Breite auswachsen. Die Stabtomaten kommen meist unter Glas, während die frühen Buschtomaten oft im Freien gezogen werden. Unter Glas macht der Anbau wenig Probleme. Hat man jedoch kein mit Glas oder Folie geschütztes Fleckchen im Garten, muss dafür gesorgt werden, dass die Tomaten in längeren, sommerlichen Regenperioden abgedeckt werden können, um ihre Blätter trocken zu halten. Die Buschvarianten können einen kleinen Bogentunnel erhalten und so vor Nässe geschützt werden. Auch im Gewächshaus ist es wichtig, dass ein eher trockenes Klima herrscht, um Krankheiten und Probleme zu vermeiden. Gießen Sie die Tomaten daher nur alle 10 bis 14 Tage. Gern am Fuß der Pflanze, keinesfalls über die Blätter. So entwickeln sie viele, tiefgehende Wurzeln, die sich das Wasser im Boden selbst suchen. So bleibt die Luft im Gewächshaus trocken.

Die Auswahl an Sorten ist beeindruckend: kleine Kirschtomaten, klassisch runde Früchte, längliche, italienische Sorten, aber auch große, breite Früchte voller Rippen und Kerben mit einem Gewicht bis ein Kilogramm pro Frucht. Erhältlich sind rote, gelbe, orange, grüne, elfenbeinfarbene und fast schwarze Früchte. Außerdem gibt es Tomaten mit Streifen oder drei Farben an einer Frucht. Es gibt Pflanzen mit kaum 10 Zentimetern Höhe, aber auch kompakte Strauchformen, meterhohe Kletterer und eine breite Variation an Blattfarben und -formen. Bauen Sie deshalb nicht

Auswahl auffälliger Tomatensorten

Sorte	Farbe	Busch oder Stab	Ernte	Eigenschaften
Ida Gold	orange	Busch	Juli	besonders früh
Varenblad	rot	Busch	August	saftig, breit
Japanische Trüffeltomate	rot	Stab	Juli	äußerst reichtragend
Dix Doigts de Naples	rot	Stab	September	länglich, trocken
Green Grape	grün	Stab	August	klein, süß
Green Copia	mehrfarbig	Stab	September	aromatisch
Black Krim	schwarz	Stab	September	volles Aroma
Ukrainische Birne	rot	Stab	Juli	aromatisch
Jersey Devil	rot	Stab	September	länglich, saftig

nur eine, sondern gleich eine ganze Reihe Tomatensorten an, um so vom Frühsommer bis tief in den Winter eine Vielzahl verschiedener Früchte, Farben und Aromen zu genießen.

Paprika und Peperoni

Paprika und Peperoni verlangen die gleichen Anbaubedingungen wie Tomaten. Man kann jedoch früher starten, Anfang März, und die Pflanzen benötigen etwas mehr Wärme, um schnell zu keimen und zu wachsen. Mit etwas Geschick haben Sie auch hier Mitte bis Ende Mai kräftige Pflanzen in Blüte, bereit zum Auspflanzen in den Garten. Sie wachsen stets in Buschform und müssen weder ausgegeizt noch angebunden werden. In der Wachstumszeit benötigen sie allerdings ab und zu zusätzlichen Dünger. Auch hier ist das Sortenangebot groß. Wer ins Freie pflanzen möchte, muss sich auf sehr frühe, kompakte Sorten beschränken, die speziell an unser Klima angepasst sind. Nur extrem frühe

'Yolo Wonder B'-Paprika, eine frühe Selektion kleiner, blockartiger Früchte, reiche Ernte im August.

'Sweet Cayenne' zeigt das Äußere einer scharfen Peperoni, schmeckt aber überraschend süß. Jede Pflanze ergibt 15 bis 30 Früchte von 20 bis 25 cm Länge

Paprikasorten wie 'Yolo Wonder B' und 'King of the North' tragen ab August schöne, reife, rote Früchte. Längliche oder spitze Sorten sind noch erntesicherer. Die großfruchtigen, blockförmigen Sorten, die im Geschäft erhältlich sind, brauchen fast alle Wärme unter Glas oder Folie, um jedes Jahr gut auszureifen. Paprika und Peperoni sind weniger regenempfindlich und können deshalb ungeschützt bequem im Freien oder im Kübel gezogen werden. Peperoni sind oft noch robuster und ideal für die Aufzucht im Topf. Meist schenkt eine einzelne Pflanze einen Überfluss an scharfen Früchten, die sparsam in Gerichten verwendet werden können.

Auberginen

Auberginen gehören zu den anspruchvollsten Fruchtgemüsen, will man selbst Pflanzgut ziehen. Sie verlangen noch mehr Zeit und Wärme zum Keimen. Nicht jeder kann die optimalen Wachstumsbedingungen so früh im Jahr schaffen, sodass der Anbau zum Erfolg führt. Die Samen werden Ende Februar ausgesät, die Keimtemperatur liegt bei ungefähr 25 °C. Die Temperatur muss Tag und Nacht unbedingt konstant sein. Berücksichtigen Sie, dass alles etwas langsamer verläuft als bei Tomaten. Aussäen, zwei Mal umtopfen und ausreichend Licht sorgen dafür, dass man auch hier Mitte bis Ende Mai blühende Pflanzen hat, die dann ins Freie können.

Auch hier haben Sie die Auswahl zwischen frühen, kompakten Rassen zur Direktsaat ('Ophelia', 'Bambino', 'Little Fingers') und großfrüchtigen, schweren Pflanzen wie 'Rosa Bianca' und 'Round Mauve', die Schutz und zusätzliche Wärme unter Glas brauchen. Köpfen oder Ausgeizen ist überflüssig. Großfrüchtige Sorten haben jedoch gern einen Stützstab, wenn die Früchte reifen. Alle Auberginen brauchen viel Wasser und alle zwei Wochen extra Dünger. Diese gierigen, aber auch auffallend schönen Pflanzen mit violetten oder weißen Blüten und exotischen Früchten in Schwarz, Violett, Weiß oder Grün können auch bequem im Topf gezogen werden. Dann ist auch die Gabe von zusätzlichem Wasser und Dünger bequemer.

Kürbisse

Kürbisse sind die idealen Anfängerpflanzen im Küchengarten. Grund dafür sind die großen Samen und der schnelle Wuchs. Kürbiskerne Ende April in einen Topf mit Blumen- oder Anzuchterde aussäen, gießen und auf eine warme Fensterbank stellen. Nach einer Woche keimen die Pflanzen, sodass Mitte Mai junge, kräftige Pflanzen mit zwei bis vier Blättern vorhanden sind. Diese in großzügigem Abstand von mindestens einem Meter in den Garten setzen. Das starke Wachstum der Pflanzen verlangt zusätzlichen organischen Dünger. Jede Pflanze also mit einer Schubkarre Kompost versorgen, um im Sommer problemlos eine reiche Ernte zu erhalten. Pflanzen in den ersten Wochen im Blick behalten, auch Schnecken lieben die jungen, frischgrünen Blätter. Beginnen die ersten Pflanzen erst einmal mit ihrem rankenden Wuchs, ist keine Kontrolle mehr nötig. Nach einigen Wochen erscheinen männliche Blüten oberhalb der Blätter und irgendwo zwischen dem Grün sitzen die weiblichen. Direkt dahinter befinden sich die jungen Früchte. Wählen Sie nicht die großen, beeindruckenden, aber geschmacklosen Früchte, sondern kleinfruchtige Sorten mit trockenem Fruchtfleisch und vollem, süßem Aroma. 'Red Kuri', 'Potimarron' und 'Green Hubbard' sind eine gute Wahl.

Kürbis „Blue Hubbard", ertragreich und lecker

Zucchini

Die nahen Verwandten der Kürbisse werden ähnlich angebaut. Die meisten Zucchini wachsen buschig und werden mit ca. einem Meter Abstand gesetzt. Die Pflanzen bilden schnell viele Früchte. Wichtig ist, diese regelmäßig und jung – nicht länger als 10 bis 15 Zentimeter – zu ernten. So erzielt man feinere Speisequalität, außerdem wird die Pflanze zur konstanten Fruchtbildung angeregt.

Salatgurken

Bei Salatgurken denkt man zunächst an das längliche, grüne Fruchtgemüse, das im Supermarkt erhältlich ist. Solche Ergebnisse erzielt man nur im Gewächshaus und mit speziellen Hybridsorten. Die leckerste Gurkenernte im Garten erhalten Sie von Pflanzen, die wie die Zucchini kompakt wachsen. Neben grünen Salatgurken gibt es auch originelle ovale, hellgelbe Zitronengurken und kleine, weiß-grüne Minigurken. Auch Salatgurken brauchen etwas Kompost und einen Pflanzabstand von gut einem Meter. Für mehr Geschmack und Produktivität regelmäßig jung ernten. Wenn Sie jedoch die klassisch lange, grüne Form bevorzugen, nehmen Sie die chinesische Schlangengurke, die im Freien und unter Glas gute Resultate erzielt, jedoch auch hier nur bei regelmäßiger Ernte der jungen Früchte. Wenn sie länger hängen und dicker werden, entwickeln diese „alten“, sortenreinen Rassen bald Samen. Die Speisequalität leidet darunter ein bisschen.

Jung geerntet schmecken Zucchini und Salatgurken am besten

Melone 'Orange Beauty' die früheste Melone für unser Klima, ergibt 10 cm große Früchte am kompakten Strauch

Melonen

In unserem Klima benötigen Melonen etwas zusätzliche Wärme. Ein warmer Standort, geschützt im Garten an einer warmen Mauer oder in einem großen Kübel auf der Terrasse ist ideal. Unter Glas wird der Anbau ganz einfach. Zielen Sie nicht auf große Früchte, bleiben Sie bescheiden und wählen Sie eine kleinfruchtige, frühe Sorte. Sorten wie 'Orange Beauty' und 'Minnesota Midget' können gezogen werden, ohne die Pflanzen zu köpfen oder zu schneiden. Sie werden wie Zucchini und Kürbis gesät und Mitte bis Ende Mai mit einem Meter Abstand ausgepflanzt. Melonen möchten nicht nur mehr Wärme, sondern auch gern etwas mehr Dünger. Der schwierigste Teil der Melonenzucht ist die Ernte: Früchte pflücken, bevor sie sich verfärben und sobald sie etwas Duft abgeben. Dann ist der Geschmack optimal.

Fruchtgemüse

Sorte	**Aussaat**	**Auspflanzen**	**Ernte**
Tomaten	März	Mitte Mai	Juli-November
Paprika	März	Ende Mai	Juli-November
Auberginen	Februar	Juni	August – Oktober
Kürbisse	April – Mai	Mitte Mai	September – Oktober
Zucchini	April – Juli	Mitte Mai – Juli	Juni – November
Salatgurken	April	Mitte Mai	Juli – September
Melonen	Mai	Juni	September

Wurzelgemüse

Alles, was unterirdisch wächst, ist im Garten natürlich weniger spektakulär. Vielleicht ist das der Grund, weshalb Wurzeln und Knollen in den letzten Jahren weniger populär waren. Die oft geheimnisvollen Vorgänge tief im Boden können wir nicht gut verfolgen. Es dauert zwar länger, aber die Überraschung ist umso größer, wenn die Ernte nach langer Wachstumszeit aus der Erde geholt wird. Viele Wurzelgemüse sind lange lagerbar und können im Winter verwendet werden.

Kartoffeln

Kartoffeln haben in den letzten Jahren viel an Popularität eingebüßt. Wir essen offenbar immer weniger davon. Oder vielleicht ist die Kartoffel einfach nicht mehr so offensichtlich in unserer Nahrung präsent. Möglicherweise werden wir durch die einförmigen, langweiligen Kartoffeln, die mittlerweile im Angebot sind, auch nicht mehr verführt und suchen nach Vertretern mit mehr Charakter. Die typisch französische Kartoffelsorte 'La Ratte' – längliche, bizarre und sehr festkochende Knollen – werden im Feinschmeckerland Frankreich eher als vollwertiges Gemüse angesehen und erhalten bei Tisch alle Aufmerksamkeit, die sie verdienen. Vielleicht lohnt es also die Mühe doch, solche Sorten anzubauen. Außerdem gibt es ein kleines, aber immer wichtigeres Angebot an krankheitsresistenten Sorten, die auch in regnerischen Sommern erfolgreiche Ernten möglich machen.

Kartoffeln werden aus Pflanzgut gezogen. Kleine, junge Knollen werden als Pflanzkartoffeln gehandelt und können ab April gesetzt werden. Kartoffeln haben eine Abneigung gegen Kalk und frischen Mist. Also einfach gut gereiften Kompost beim Pflanzen mit einarbeiten. Kartoffeln 10 Zentimeter tief in den Boden setzen, Pflanzabstand 50 Zentimeter. Die Jungpflanzen, die Anfang Mai erscheinen, vor Nachtfrost schützen, den sie nicht vertragen. Bei anhaltendem Frost einen umgedrehten Blumentopf über jede Pflanze stülpen oder anhäufeln, sodass sie wieder im Boden verschwinden und das Risiko von Frostschäden abgewendet wird. Das Anhäufeln der Kartoffeln noch mehrmals wiederholen. Die Knollen entwickeln sich am Fuß, unten an den Stängeln, direkt unter der Oberfläche. Schwellen die Knollen an und liegen über der Erde, werden sie grün und ungenießbar. Das Anhäufeln ist also eine Art Bleichen. So vermeiden Sie auch den meisten Unkrautwuchs. Und wegen des starken Blattwuchses ist der Kartoffelanbau eine gute Methode, ein Stück Boden unkrautfrei zu halten. Kartoffeln ernten, wenn die Blätter beginnen, abzusterben. Dann sind die Kartoffeln zum Verzehr und zur Lagerung geeignet.

Karoffeln gelb, rosa und fast schwarz

Rüben

Rüben sind leicht anzubauen. Das macht sie bei Küchengartenanfängern beliebt. Die Pflanzen fürchten die Kälte nicht und können deshalb ab März, April gesät werden. Das Ausdünnen der Jungpflanzen in der Reihe auf 5 bis 10 Zentimeter ist ausreichend. Pikieren ist wie bei den meisten Wurzelgewächsen nicht erwünscht. Rüben jung ernten, bei 5 bis 10 Zentimetern Dicke. Sie können mit roten, gelben, weißen und orangen Rüben variieren, auch das Laub ist als Blattgemüse verwendbar. Verarbeiten Sie Rüben einmal roh, fein geschnipselt in Salaten mit Äpfeln und Trauben, einem Schuss Öl und etwas Essig. Die Früchte während Erntezeit ausdünnen, den Rest weiter auswachsen lassen, bis im Winter schwere, dicke Knollen entstanden sind. Als Wintergemüse sind sie ideal für die wärmende Rübensuppe.

Radieschen werden im Frühjahr für die Ernte kleiner, knackiger Knollen gesät. Diese großen Radieschen säht man im Sommer und Frühherbst aus. Sie wachsen im kühlen Herbst zur würzigen Ernte heran.

Zwiebeln und Lauch

Zwiebeln sind ein Basisgemüse in der Küche. Und auch im Garten gebührt ihnen jedes Jahr ein Platz. Zwiebeln brauchen Geduld. Nicht immer entstehen würzige, große Knollen. Zwiebeln ab März vor Ort im Garten säen. Es ist auch möglich, junge Sämlinge zu verpflanzen, einfaches Ausdünnen führt jedoch zu viel besseren Ergebnissen. Dünn aussäen, sodass die jungen Sämlinge einen Zentimeter voneinander entfernt stehen, danach auf zwei bis drei Zentimeter ausdünnen. Außer Unkrautjäten und regelmäßigem Hacken gibt es nichts zu tun. Nach zwei Monaten können die Pflanzen erneut ausgedünnt werden. Die erste Ernte junger, grüner Frühlings- bzw. Lauchzwiebeln wird eingebracht. Die restlichen Pflanzen, jetzt im Abstand von 5 bis 10 Zentimetern in der Reihe, auswachsen lassen, bis die Stängel im August/September absterben und der gesamte Nährstoffvorrat der Pflanzen in den süßen Knollen gespeichert ist. Möchten Sie vor allem die jungen, grünen Frühlingszwiebeln ernten, verwenden sie dafür geeignete Sorten. Die meisten können ganzjährig gesät werden und sogar überwintern. Sie ernten das frische Grün, aber es entwickeln sich keine Zwiebeln. Wenn Sie klassische Zwiebeln ohne allzu langes Warten möchten, nehmen Sie Steckzwiebeln. Auch beim Anbau der eng verwandten Schalotte starten Sie mit Pflanzgut anstelle von Samen. So erzielen Sie natürlich einen ordentlichen zeitlichen Vorsprung. Pflanzen Sie die Steckzwiebeln ab März in einem Abstand von 5 Zentimetern oder setzen Sie sie in schöner Kombination mit Salat oder Möhren. Sie haben ein schnelles Ergebnis und eine garantierte Ernte.

Auch der nahe Verwandte Lauch wird so angebaut. Sie können mit Samen starten, wobei erst in Reihen gesät, dann auf 2 bis 3 Zentimeter ausgedünnt wird und die Pflanzen nach zwei Monaten als junger Pflanzlauch geerntet werden. Danach werden die Jungpflanzen 10 Zentimeter tief alle 10 bis 15 Zentimeter in Reihen gesetzt, wobei die Pflanzlöcher mit gut gereiftem Kompost befüllt werden. Oder Sie kaufen für einen bequemeren Start Jungpflanzen, um im Herbst dicken Lauch zu ernten. Lauch verlangt in jedem Fall viel vom Boden. Sorgen Sie also für reichlich Nährstoffnachschub in Form von Kompost.

Möhren

Möhren dürfen in keinem Garten fehlen. Trotzdem wird dieses einfache Gemüse für viele Gartenliebhaber zur echten Herausforderung. Für den Möhrenanbau ist schöner, lockerer und krümeliger Boden erforderlich. Der Anbau erfordert keine zusätzliche Düngung, so wird alle Aufmerksamkeit der Bodenvorbereitung gewidmet. Sorgen Sie für ein schönes, glattes Saatbeet, denn Möhrensamen sind sehr klein und fein. Säen Sie früh im Jahr aus, falls möglich schon Ende Februar oder Anfang März in mehreren Reihen mit einem Abstand von 20 bis 30 Zentimetern (1 Samen pro Zentimeter). Die Samen mit einem halben Zentimeter Erde bedecken und das ganze Saatbeet ordentlich andrücken. Möhren keimen ziemlich langsam, haben Sie also ca. drei Wochen Geduld und gießen Sie eventuell zusätzlich, sodass die Keimung zügig verläuft. Durch die frühe Aussaat sind sie hinderlichem Unkrautwuchs etwas voraus und können nach Erscheinen der jungen Sämlinge bequem jäten. Junge Möhren so schnell wie möglich auf 4 bis 5 Zentimeter in der Reihe ausdünnen, sodass die Pflanzen später in der Saison nur noch unkrautfrei gehalten werden müssen. Bei späterer Aussaat im Jahr muss dem langsamen Keimen mehr Aufmerksamkeit gewidmet werden, es erscheint mehr Unkraut und das Risiko für den Befall mit der Möhrenfliege steigt an.

Jetzt bleibt nur noch, die Auswahl zu treffen: runde Pariser Möhren, die dicken 'Oxheart-Möhren', feine Frühlingskarotten oder eine der weißen, gelben, roten oder violetten Sorten.

Wurzelgemüse

Sorte	**Aussaat**	**Ernte**
Kartoffeln	Pflanzen im April	August–September
Rüben	ab März	Mai–Dezember
Zwiebeln und Lauch	März	Juni–Dezember
Möhren	Februar–Mai	Juni–Dezember
Radieschen	Februar–August	April–November

Möhren in Violett, Gelb, Orange und Rot

Kohl

Kohl ist eine dominante Pflanze im Garten und verlangt besondere Aufmerksamkeit. Der Anbau ist recht einfach, obwohl die Pflanzen sehr gierig sind und hohe Anforderung an Boden und Nahrung stellen. Glücklicherweise jedoch ist die Auswahl groß, sodass für jede Situation geeignete Pflanzen im Angebot vorhanden sind. Man unterscheidet zwischen Blattkohl, Kopfkohl, Rosenkohl, Kohlrabi und Brokkoli.

Die Gruppe des Blattkohls oder Grünkohls ist die auffallendste und auch die problemloseste in der Familie. Die Pflanzen wachsen mit 50 x 50 Zentimetern Breite und bilden rund um einen zentralen Stängel schöne, breite und oft auffallende Blätter. Ernten Sie beim Blattkohl nicht die ganze Pflanze, sondern pflücken Sie einzelne Blätter und geben Sie der Pflanze Gelegenheit, in Ruhe weiter zu wachsen. Der klassische Grünkohl ist grün, es gibt jedoch auch blaugraue und violette Varianten. Russischer Grünkohl hat grob eingeschnittene Blätter und kombiniert deren Blaugrau mit roten oder weißen Adern, 'Russian Frills' ist zweifach kraus. Der italienische Palmkohl hat schmale, lange, blaugraue Blätter.
Auch der bekanntere Kopfkohl kennt viele Varianten. Weißkohl, Rotkohl oder der hübsche Wirsing, der portugiesische Tronchuda-Kohl, der vor allem wegen der dicken Blattrippen gezüchtet wird: Alle brauchen etwas mehr Wuchskraft aus dem Boden, um schöne, geschlossene und oft aufsehenerregende, schwere Köpfe zu bilden. Auf leichtem Boden werden die Pflanzen etwas kleiner ausfallen, wegen ihres besonderen Wuchses jedoch bestimmt ein Hingucker sein.
Rosenkohl ist ein klarer Außenseiter. Die Pflanzen wachsen höher als die anderen Kohlsorten und bilden an den Stängeln kleine Röschen. Es besteht Auswahl zwischen grünen und roten Röschen. Auch Kohlrabi, bei dem sich der Fuß der Pflanze als dicke Knolle entwickelt, ist in grün und violett erhältlich. Eine der beliebtesten Kohlsorten ist der Brokkoli. Wie bei allen Kohlsorten ist die Auswahl auch hier breit gefächert. Es gibt schnell wachsenden Sommerbrokkoli, späte Sorten, die mehr

Zeit benötigen und reiche Ernte liefern, Winterbrokkoli, der die ganze Saison zum Wachsen benötigt und erst nach dem Überwintern im zeitigen Frühjahr eine Reihe Knospen bildet. Brokkoli ist in Cremeweiß, Grün-, Rot-, Violett- und Blautönen erhältlich. Geerntet wird erst die mittlere Knospe. Dann wartet man auf die zahlreichen Seitenknospen, die überall an der Pflanze erscheinen. Einfach weiter schneiden und pflücken, bis die Pflanzen alles gegeben haben. So können Sie oft monatelang von einer einzigen Pflanze ernten.

Blumenkohl ist eng mit Brokkoli verwandt und eher wie ein schwieriges Geschwisterkind. Nur in besseren Böden und erfahrenen Gärtnern gelingt es, die Pflanzen kräftig, reibungslos und robust zu den beeindruckenden, schweren Blumenkohlköpfen auswachsen zu lassen. Blumenkohl ist in Weiß, Grün, Rot und Violett erhältlich. Alle Kohlsorten brauchen eine recht lange Wachstumszeit und werden am besten im Frühjahr gesät. Die Direktsaat hat wenig Sinn, also zunächst auf ein Wartebeet zurückgreifen. So können Sie das Pflanzgut gut aufziehen und mit dem richtigen Abstand in den Garten pflanzen: 50 x 50 Zentimeter sind ein guter Durchschnitt, bei schwerem Boden darf es etwas mehr sein. Gönnen Sie den Pflanzen noch eine Schaufel Kompost oder zusätzlichen Dünger. Anfangs wachsen sie langsam. Deshalb kann man rundum noch Radieschen, Rucola oder Salat säen, um den Platz optimal zu nutzen. Diese werden zu dem Zeitpunkt geerntet, zu dem der Kohl mit seinen großen Blättern den gesamten Raum beansprucht. Kohl ist einigermaßen winterhart und kann deshalb auch im Winter im Garten bleiben. Nach dem Winter bilden sich bald Blütenknospen, die übrigens alle essbar sind, eine Art Mini-Brokkoli. Was nicht geerntet wird, bildet im Frühjahr schöne weiße oder gelbe Blüten.

Winterharter Grünkohl in reicher Vielfalt

Erbsen und Bohnen

Bei Erbsen und Bohnen ist ihr hoher Nährwert mit der Notwendigkeit der frischen Ernte und Verwendung verbunden. Nur dann behalten sie ihre feine, knackige Struktur und ihr Aroma.

Erbsen werden ab März bis Ende April gesät. Eine spätere Aussaat führt oft zu Enttäuschungen, da die Pflanzen gern in der Kühle des Frühlings wachsen. Die Direktsaat ist mit den großen, dicken Samen ganz einfach. Die Faustregel empfiehlt 2 Samen auf je 10 Zentimeter. Die Samen dürfen einige Zentimeter tief in den Boden. Achtung, Vögel lieben die ersten jungen Blättchen, die sich über der Erde zeigen. Vielleicht müssen Sie diese mit einem Netz schützen. Es gibt besonders niedrige Sorten, die keine Stütze brauchen, halbhohe und hohe Varianten, die an Hühnerdraht wachsen oder mit Zweigen gestützt werden. Niedrige Erbsensorten werden natürlich früher geerntet und ergeben einen konzentrierteren Ertrag. Hohe Erbsen können leichter gepflückt werden. Hier verteilt sich die Ernte über mehrere Wochen. Sorgen Sie in jedem Fall für eine robuste Konstruktion aus Pfählen und Drähten, zwischen die Zweige oder Gaze gespannt wird, sodass alles auch bei reichem Behang und frischem Wind unverändert Stand behält. Außerdem gibt es noch die klassischen Pflückerbsen, die feinen Zuckererbsen oder Kaiserschoten. Letztere sind in auffallenden Gelbtönen erhältlich. Kapuzinererbsen oder Blauschokkers haben violette Schoten, in denen sich große, dicke Erbsen befinden. Alle Erbsen können jung und grün gegessen werden. Für Trocken- und Lagererbsen gibt es spezielle Sorten. Bei Bohnen hat man fast genauso viel Auswahl. Nur muss man bei den wetterempfindlicheren Bohnen warten, bis es etwas milder wird. Bohnen können ab Mitte Mai gesät werden, sodass sie Anfang Juni aus dem Boden schauen. Der alte Gärtnerspruch „Bohnen dürfen den Maimond nicht sehen" spielt darauf an. Auch zu viel Feuchtigkeit oder Regen nach der Aussaat führt dazu, dass die Samen verrotten, sodass nach ein paar Wochen erneut gesät werden muss. Nehmen Sie niedrige Buschbohnen und säen Sie zwei bis drei Bohnen alle 20 Zentimeter in Reihen. Pflanzen Sie zwei bis drei Bohnen an jede Stange, wenn Sie sich für kletternde Sorten entscheiden. Niedrige Bohnen bilden Sträucher von 40 bis 50 Zentimetern Höhe. Stangenbohnen erreichen leicht Höhen von drei bis vier Metern. Auch besteht Auswahl aus grünen, gelben und violetten Bohnen, besonders feinen oder dicken und Sorten, die jung und grün gepflückt werden, während andere voll ausgereift nach der Ernte enthülst oder getrocknet werden.

Petersilie, Majoran, Kerbel und Koriander, Duft und Aroma in frischgrünen Blättern

Kräuter

Kräuter sind die Aromen des Gartens. Leider pflanzen wir sie oft in einer separaten Ecke, dem Kräutergarten, an. Das ist natürlich erlaubt, die auffallendsten und aromatischsten Kräuter sind jedoch einjährig und möchten daher gern zwischen anderen Gemüsen stehen. Außerdem wachsen sie oft sehr schnell, mit schönen Blättern und herrlichem Duft. Nutzen Sie sie daher, um den Garten schöner, duftender und farbenfroher zu gestalten. Außerdem locken sie Insekten an oder vertreiben sie und blühen leicht und elegant.

Plädoyer für Einjährige

Wenn wir die Kräuter nach Beliebtheit sortieren, steht Basilikum an erster Stelle. Wenige andere Kräuter werden so sehr mit Wärme und Sonne assoziiert und niemand möchte diese herrlichen, duftenden Pflanzen missen. Basilikum ist eigentlich keine mediterrane, sondern eine subtropische Pflanze. Der Anbau verlangt bei unseren nördlichen Wachstumsbedingungen ein bisschen mehr Aufmerksamkeit. Nicht zu früh mit Basilikum beginnen. Unter Glas und mit etwas zusätzlicher Wärme im April aussäen. Oder man wartet mit der Direktsaat geduldig bis Ende Mai, Anfang Juni. Die Pflanzen wachsen dann durch die höheren Tages- und vor allem Nachttemperaturen recht schnell und problemlos. Auf zehn Zentimeter in der Reihe ausdünnen. Basilikum braucht unbedingt zusätzliches Wasser und Dünger, um gut zu wachsen. Die kleinblättrigen, kompakt wachsenden Sorten wie 'Spicy Globe' und der griechische Basilikum sind zur Direktsaat geeignet und können wie Buchsbaumhecken regelmäßig für eine gute Ernte gestutzt werden.

Nur der einjährige Majoran kann mit seinem Duft die Alleinherrschaft des Basilikums stürzen. Die feinen Blättchen haben ein intensives Aroma, das man schwer beschreiben kann, wie es bei Düften oft der Fall ist. Jedenfalls punktet der einjährige Majoran etwas höher als der mehrjährige. Ein vergleichbares Duftergebnis erhält man mit einjährigem Bohnenkraut und der ausdauernden, winterharten Variante. Einjährige sind oft viel kräftiger und auffallender. Nehmen Sie sich deshalb einfach jedes Jahr Zeit, Einjährige zu säen. Auch Koriander ist auf dem Vormarsch. Er ist für die meisten immer noch gewöhnungsbedürftig, immer mehr Gartenliebhaber schätzen jedoch das ausgeprägte Aroma der frischgrünen Blätter. Koriander ist beim Keimen genügsamer und kann ab April direkt gesät werden. Die Pflanzen blühen manchmal schnell

Einjährige Kräuter

Name	Aussaat	Ernte
Basilikum	Mai	Juli–Oktober
Bohnenkraut	März	Mai–Oktober
Dill	April	Juni–Oktober
Kerbel	März–August	Mai–Dezember
Koriander	April–August	Mai–Dezember
Majoran	Mai	Juli–Dezember
Petersilie	März–August	Mai–November

und bilden Samen, das ist jedoch kein Problem, da alle Teile aromatisch und essbar sind. Geben Sie den Pflanzen die Möglichkeit zur Selbstaussaat, sodass Sie im Herbst wieder neue, spontane Sämlinge haben, die oft problemlos bis in den Winter hinein geerntet werden können.

Bei all den intensiven, südlichen Aromen werden Sie unsere vertrauten, nördlichen Kräuter fast vergessen. Wir sollten ihnen aber nicht Unrecht tun, denn Petersilie, Kerbel, Dill und Schnittlauch gehören einfach zur Basis unseres Kräutersortiments. Die glatte französische und italienische Petersilie hat etwas mehr Aroma und Geschmack als die klassische, krause Variante. Der frische, grüne Kerbel zählt zu den winterhärtesten Einjährigen im Küchengarten. Oft wird man im Winter durch das intensive, anisähnliche Aroma der fragilen Blätter überrascht. Wenn Sie einen Winterersatz für Basilikum suchen, ist Kerbel die richtige Pflanze mit vergleichbarem Aroma. Dill hat ein einzigartiges Aroma, das mit nichts zu vergleichen ist. Wie der Koriander zeigt er auffallende, essbare Blüten. Schnittlauch ist normalerweise vom zeitigen Frühjahr bis tief in den Herbst verwendbar. Ergänzen Sie das einjährige Grün mit Klassikern wie Thymian (versuchen Sie einmal die etwas fruchtigere, französische Sorte), dem einzigartigen Duft und Aroma des echten französischen Estragons, dem markanten Harzduft des Rosmarins und dem besonderen Salbei. Auch letzterer ist in duftenden Sorten erhältlich, z. B. der Lavendelblättrige Salbei (*Salvia lavendulifolia*) mit etwas mehr Zitrus in den Blättern. Minze rundet diese grüne Belegschaft mit reicher Auswahl an Zitrus-, Limonen-, weißen, schwarzen, grünen und Pfefferminzvarianten ab.

Thymian, Salbei und Rosmarin, feste Größen im Küchengarten

Einen Küchengarten planen

Ein „Potager“ ist eine üppige Kombination aus Gemüse, Blumen und Nutzpflanzen. Häufig mit festen Gartenelementen als Basis für einen zentralen Punkt im Nutzgarten. Hier sind um die Terrakottavase Kreise aus Ringelblumen, Salat, Tagetes und Zwiebeln entstanden.

Geschichte des Küchengartens

Als der Mensch sein Leben als Nomade und Sammler aufgab und sich definitiv an einem Ort niederließ, einen Wohnort wählte, wurde es notwendig, Gärten anzulegen. Wichtig für die Wahl des Wohnortes war das Nahrungsangebot. Orte mit mildem Klima, Plätze, an denen Wasser und Nahrung von Natur aus vorhanden waren, erhielten natürlich den Vorzug. Die früheste Form des Gartenbaus war eine logische Folge des Sammelns in der Wildnis. Die Pflanzen mit den größten Samen, die Sträucher mit den zartesten Blättern wurden schnell zu Favoriten. Der Mensch lernte, Pflanzen umzusetzen, Samen gezielt auszusäen und aus dem Angebot der Natur eine Auswahl zu treffen. Die intensive Selektion und Kultivierung von Wildpflanzen fand in unmittelbarer Umgebung des Hauses statt. Auch bei dieser primitiven Form des Gartenbaus waren Unkraut und die Konkurrenz von Tieren wichtige Probleme. Das Wort „Garten“ ist daher auch eng verwandt mit dem Wort „Gerte“. Gerten wurden früher zur Einfriedung verwendet. Die ersten Gärten waren nichts weiter als ein Stück Boden, den man mit Weidenzweigen zum Schutz vor Wildtieren und starkem Wind umzäunte. Man steckte ein Stück Boden ab, das man jätete und auf dem man Nahrungspflanzen anbaute.

Später in den Nutzgärten wendete man dieselbe Technik an. Schon bald wusste man, dass man gute, reiche Böden brauchte, um Gemüse ziehen zu können. Man wählte Böden ohne Steine, sammelte humusreichen Waldboden und brachte ihn in kleinere Gärten oder Beete. Der Zaun aus Weidenzweigen wurde kleiner und fasste den Rand ein – ein erstes Küchengartenkonzept war geboren. Zwischen verschiedenen runden und viereckigen Beeten verliefen Wege. Auch im frühen Küchengarten war es wichtig, alle Pflanzen in der Nähe zu haben, ihnen den richtigen Boden und die richtige Pflege zukommen zu lassen. Und auch die Einteilung des Gartens in verschiedene Flächen wurde schon in den ersten Küchengärten umgesetzt.

Unser heutiger Küchengarten basiert eigentlich auf demselben Prinzip. Auch heute umzäunen wir Garten und Haus. Nicht mehr, um wilde Tiere fernzuhalten, sondern vor allem für ein bisschen Privatsphäre und um Einblicke durch Nachbarn und Öffentlichkeit zu vermeiden oder die Allgegenwart des Verkehrs zu verbergen. Hecken oder Zäune sind unsere Einfriedung. Und immer noch unterscheiden wir zwischen Beeten und Wegen. Wir selektieren Pflanzen nicht länger aus der Wildnis, sondern bauen das an, was uns in Form und Farbe, wegen seiner kulinarischen Eigenschaften oder aus Tradition gefällt.

Ein komplett geschlossener, ummauerter Garten (Küchengarten Burg Hex) sorgt für ein ganz besonderes Mikroklima. Solch geschützte Wachstumsbedingungen sind ideal zur Anzucht von Setzlingen, für Saat- und Wartebeete. Auch Feigen und andere kälteempfindliche bzw. wärmeliebende Pflanzen fühlen sich bei solchem Wind- und Kälteschutz wohl.

Verwenden Sie Buchsbaum nur, wenn Sie guten, fruchtbaren Boden haben, der genug Nahrung für Hecke und Gemüse speichern kann. Auch Lavendel, Thymian und Bohnenkraut sind brauchbare Randpflanzen. Sie nehmen allerdings ein Stück Garten und Beet in Beschlag. Betonkanten, Ziegel und alte Dachpfannen sind für eine permanente Umrandung gut geeignet. Holz, gleich ob behandelt oder gefärbt, sieht schön und auffallend aus. Ich verwende rohes Verschalungsholz. Es ist zwei Zentimeter dick, zehn Zentimeter hoch und in allen Längen erhältlich. Es ist billig und hält drei bis vier Jahre. Danach nutze ich die Planken für den Komposthaufen. Man kann das Holz streichen und imprägnieren, dann hält es ein bis zwei weitere Jahre.

Umzäunung

Ein Garten ohne Umzäunung ist kein Garten. Hier kann man sich für eine lebende Hecke, einen Holzzaun oder eine Betonumrandung mit den jeweiligen Vor- und Nachteilen entscheiden. Eine grüne, lebende Hecke zum Beispiel aus Hainbuche schließt perfekt an den Nutzgarten an. Hainbuchen ziehen nicht viel Nahrung aus dem Boden und sorgen für Grün und Struktur im Garten. Hecken brauchen jedoch regelmäßigen Rückschnitt. Wer Grün bei gleichzeitiger Ernte möchte, kann sich für Beerensträucher entscheiden, die an Drähten zu einer Hecke gezogen werden. Abschluss und Nutzgarten in einem. Beide Grünversionen brauchen Aufmerksamkeit, mindestens 50 Zentimeter Gartenraum und Pflege.

Holz ist eine schöne Alternative, wenn Sie keinen Platz verlieren möchten. Sorgen Sie dafür, dass das Holz Licht und Wind durchlässt, sonst stehen die Pflanzen im Garten sehr stickig. Ein Holzzaun aus Kastanie ist eine elegante Art, den Garten abzuteilen, ohne Abschnitte völlig abzuschließen. Mauern aus Beton und Stein sind eher endgültige Lösungen. Sie stehen und bleiben stehen. Aber man kann wärmeliebende Pflanzen an ihnen wachsen lassen. Wird eine Seite des Gartens damit abgeschlossen, kann sie optimal genutzt werden, da Beton und Stein die Tageswärme speichern und nachts langsam abgeben. Ideal für Pflanzen, die in unserem Klima zusätzliche Wärme benötigen.

Ein Paradebeispiel dafür, wie ein Nutzgarten aufgebaut werden kann: Grüne Hecken sorgen für ein behagliches Gefühl, Wege dienen der klaren Struktur und Einteilung. Die Anbauflächen sind mit Bambusstäben markiert und der Garten erhält durch dreidimensionale Elemente Form. Hier der klassische Bohnen-Wigwam und eine solide Stütze für Erbsen mit Reisig dazwischen (zum Aufbinden der Zweige). Das verwendete Material ist leicht und bequem versetzbar, stört im Garten nicht und verschwindet nach einigen Wochen zwischen dem Grün (Nutzgarten Haus Bingerden).

Anlage des Küchengartens

Einen Küchengarten anzulegen, ist meist der herausforderndste Teil. Sie können mit einem Plan im Kopf starten, besser setzen Sie jedoch alles auf einem Blatt Papier in das richtige Verhältnis.

Beginnen Sie mit der Bodenvorbereitung. Entfernen Sie Unkraut und Wurzelunkraut, bringen Sie eventuell Material zur Bodenverbesserung auf, arbeiten Sie alles leicht ein und sorgen Sie dafür, dass das ganze Gelände eben ist. So erhalten Sie einen guten Überblick über den Garten.

Stecken Sie den Plan mit Stäben und Schnüren im Garten ab. Bilden Sie den Garten vor Ort komplett ab, sodass Sie tatsächlich über die Wege laufen, ihre Breite testen und die Form des Gartens nachempfinden können. Vielleicht die Wege doch ein bisschen breiter oder die Behälter nicht so hoch? Bedenken Sie, dass ein Nutzgarten auch mit der Schubkarre erreichbar sein muss. Ist der Küchengarten nur für Sie oder möchten Sie auch Freunde hindurchführen? Vielleicht ist eine unbebaute Fläche auch schön oder ein Platz für eine Bank in der Sonne oder ein Komposthaufen an einem schattigen Platz.

Lassen Sie Ihrer Fantasie völlig freien Lauf. Schauen Sie sich die verschiedenen Pläne in diesem Buch an und nutzen Sie sie als Inspiration, um Ihren Garten zu etwas ganz Besonderem zu machen. Vielleicht haben Sie sogar Platz für vier Gärtchen oder auch nur für einen halben. Teilen, vervielfältigen, verbreitern und verschmälern Sie die Entwürfe und passen Sie die Pflanzen an Ihre Wünsche an. Halten Sie es einfach. Experimentieren Sie mit Farben für Umzäunung, Wege oder Kanten. Denken Sie auch vertikal: ein Küchengarten muss nicht immer flach sein, sondern kann schön dreidimensional ausgearbeitet werden – einjährig mit Bohnenstangen für viele Kletterpflanzen, mit einer Pergola voller Trauben oder Kiwis. Testen Sie in den ersten Jahren versetzbares Material, sodass Sie den Garten anpassen, wachsen lassen und jedes Jahr neu einteilen können. Sorgen Sie auf jeden Fall dafür, dass Sie Spaß an Ihrem Küchengarten haben, vom Entwurf bis zur Arbeit, vom Pflanzen bis zur Ernte, und lassen Sie sich durch die Grundlagen, die Pflanzen und Pläne in diesem Buch, inspirieren.

Für uns sind die Pflanzen im Garten am wichtigsten. Deshalb haben wir verschiedene Mustergärten ausgehend von den Pflanzen entworfen. Ganz gewöhnliche und manchmal besondere Pflanzen in Kombination von Alt und Neu, Tradition aus der Nachbarschaft und Unbekanntem aus weiter Ferne. Vor allem jedoch mit essbaren Pflanzen voller Passion und Aroma als Basis für einen Nutzgarten, der einfach, lecker und schön sein kann.

Gartentypen

Der neue Küchengarten ist keinem bestimmten Stil unterworfen. Sie können sich für strenge Formen mit Steinwegen, die alte Methode mit Buchsbaumhecken oder einen funktionellen Basisgarten mit einfacher Einteilung und robustem Material entscheiden. Vielleicht legen Sie aber lieber einen Ökogarten mit viel Holz und Recyclingmaterial oder einen stilvollen Dachgarten mit grauen oder sehr farbenfrohen Töpfen und Pfosten an. Der Nutzgarten kann kühl und geordnet oder gemütlich und ein bisschen unordentlich sein. Wählen Sie einfach den Stil, der zu Ihnen passt.

Erzwingen Sie nichts, sondern lasssen Sie Ihren Garten wachsen. Sie können mit einem Kindernutzgarten beginnen, der zu einem funktionellen Erntegarten anwächst und mit einem pflegeleichten Küchengarten mit Stauden endet. Vielleicht beginnen Sie ganz flach und entdecken dann die Vorteile von Kletterpflanzen und einem vertikalen Küchengarten. Alles ist möglich, ganz in Ihrem Stil, mit den Pflanzen, die Sie schön finden und die sich in Ihrem Garten zu Hause fühlen.

Themengärten planen

Feldgarten

Die einfachste Form des Küchengartens ist der Feldgarten. Viele klassische Volksgärten sind so aufgebaut, mit funktioneller Struktur und simplem Entwurf. Die gleichmäßigen Abschnitte sind vom professionellen Gartenbau abgeleitet, in dem verschiedene Felder ordentlich mit Parzelle A neben B etc. strukturiert sind. Leicht einteilbar, praktisch, um einen Jahresgartenplan zu erstellen, und ideal, wenn man mit der Fruchtwechselmethode arbeiten möchte. Werden die gleichen Pflanzen im nächsten Jahr im folgenden Abschnitt aufgebaut, kann man endlos rotieren und den Boden gleichmäßig nutzen. Im Gartenalltag ist dieses Rotationsprinzip allerdings weniger praktisch, weil Nutzgärtner heute weniger Basisgemüse anbauen und oft spielerischer mit ihrem Boden und den darauf angebauten Gewächsen umgehen möchten. Dennoch bietet das System gleicher Beete Unterstützung, sodass nach Herzenslust und strukturiert gejätet, gepflanzt und geplant werden kann.

Dieser Garten ist ideal, will man die verschiedenen Pflanzen und Anbaumethoden kennenlernen, besonders für Laien und Anfänger. Als Minibauer sammeln Sie so in einer Saison viel Erfahrung und haben Ihr Basisprinzip im Griff. Weil einfach zwölf Abschnitte anzulegen, ein bisschen zu leicht wäre, kombinieren wir das mit dem Prinzip der Vor- und Nachkultur und einfachen Pflanzenkombinationen.

Eine simple Sache mit einfacher Umsetzung, die jedoch ein bisschen Planung verlangt – genug, um ein paar lange Winterabende zu füllen.

Fruchtwechsel

Fruchtwechsel ist ein äußerst effektives Prinzip im traditionellen Land- und Gartenbau, bei dem man den Boden optimal nutzt und versucht, das Auftreten von Krankheiten und Problemen durch einseitigen Anbau zu vermeiden. Die Gesamtfläche wird in gleich große Felder oder Abschnitte eingeteilt. Je nach Anzahl der Abschnitte spricht man von der Drei-, Vier- oder Sechsfelderwirtschaft. Im ersten Jahr wird das erste Feld sehr gut mit Dünger versorgt. Darauf kommen in der ersten Saison Pflanzen, die hohe Anforderungen an den Boden stellen. Im nächsten Jahr wird auf diesem Stück Boden etwas zur Bodenverbesserung angebaut: Schmetterlingsblütler wie Erbsen und Bohnen binden Stickstoff aus der Luft und geben ihn an ihre Wurzeln ab. Einen Teil des Stickstoffs hinterlassen sie für die Pflanzen des Folgejahres im Boden. Im Jahr darauf erhält die Parzelle eine leichte Düngung, z. B. mit Kompost.

Durch die jährliche Rotation holt jede Pflanze bestimmte Nährstoffe aus dem Boden und es dauert drei, vier oder sechs Jahre, bevor die gleiche Pflanze mit den gleichen Nährstoffanforderungen wieder an denselben Platz gelangt. So haben typische, bodenbürtige Krankheiten und Probleme weniger Chancen. Pflanzt man viele Jahre nacheinander die gleichen Pflanzen, z. B. Kohle, auf dieselbe Parzelle, ist das Risiko groß, dass sich pflanzenspezifische Probleme Jahr für Jahr weiter manifestieren. Mit dem Fruchtwechsel verteilen Sie das Risiko und verringern es. Durch Planung und Einteilung sind Sie häufig an bestimmte Pflanzenmengen in einer Reihe gebunden. Was in der Theorie einfach scheint, ist in der Praxis oft nicht haltbar. Versuchen Sie deshalb, mit spielerischen Zwischenlösungen vom strengen System abzuweichen.

Pflanzkombinationen

Manche Pflanzen lieben Gesellschaft und können gut gemeinsam angebaut werden. Viele Anbaukombinationen haben jahrelang bewiesen, dass sie sinnvoll funktionieren können.

Es gibt verschiedene Gründe, um Pflanzen zusammenzusetzen. In erster Linie ist es eine Frage des Platzes. Kleine Gärten brauchen eine intensive Bebauung und es ist schön, viel Verschiedenes ernten zu können. Pflanzen mit niedrigem, breitem Wuchs können gut mit hohen, schmalen Pflanzen kombiniert werden. Gemüse, das kräftige, unterirdische Wurzeln bildet, kann mit Gewächsen kombiniert werden, die vor allem oberirdisch wachsen. Manchmal werden Pflanzen gemeinsam angebaut, die auch in der Küche gut zusammenpassen, wie Tomaten und Knoblauch. Pflanzen können sich auch gegenseitig unterstützen. Mais wächst sehr hoch, und wenn dazwischen Stangenbohnen gesetzt werden, nutzen die Bohnen die Maisstängel als Stütze. Pflanzen, die den Boden schnell bedecken, halten ihn z. B. für Wurzelgemüse schön kühl und feucht. Eine Reihe Gemüse zeigt weniger Insektenbefall, wenn sie gemeinsam mit stark duftenden Pflanzen angebaut wird.

Gute Pflanzkombinationen

- Salat mit Radieschen, Möhren und Zwiebeln
- Rüben und Möhren
- Kohl und Fenchel
- Zwiebeln und Möhren
- Möhren und Erbsen/Bohnen

Schlechte Pflanzkombinationen

- Bohnen mit Zwiebeln oder Erbsen
- Erbsen mit Zwiebeln
- Kohl mit Zwiebeln
- Kohl mit Radieschen
- Bohnen mit Fenchel

Junge Brokkolipflanzen, gut im Wuchs, bieten noch genug Platz für Aussaat und Ernte einer Salatmischung, bevor der Brokkoli die Parzelle ganz beansprucht.

Fruchtfolge

Eine andere Möglichkeit zur Erweiterungs Ihres Anbauplans ist die Fruchtfolge. Nicht jede Pflanze darf oder kann früh im Jahr angebaut werden oder bleibt die ganze Saison über im Beet. Viele Pflanzen können erst nach dem letzten Nachtfrost ausgepflanzt werden, andere sind im Sommer abgeerntet. Also ist ein Stückchen Garten für andere frühe, schnelle oder späte Pflanzen frei. Salat, Radieschen, Rucola und Dicke Bohnen sind zum Beispiel Gemüse, die einfach vor und nach anderen angebaut werden können. Rucola, Fenchel, Postelein und Feldsalat sind gut als Herbstgemüse nach der Haupternte geeignet. Mit ein bisschen Kombinationsarbeit schaffen Sie aus diesem einfachen Garten ein komplexes System mit Vor-, Haupt- und Nachkultur innerhalb einer Saison, originellen Pflanzenkombinationen während der Saison und einem Rotationssystem für die Folgejahre.

Auswahl der Pflanzen

Beginnen Sie mit der Hauptkultur und wählen Sie aus jeder Gruppe Ihre Favoriten aus, denen Sie Ihre ganze Aufmerksamkeit widmen. Prüfen Sie, ob diese im Wachstumszeitraum kombiniert werden können und planen Sie dann Vor- und Nachkultur. Beachten Sie vor allem, dass Sie zwar alles mit präzisen Maßen, Aussaat- und Erntedaten planen können, es sich beim Arbeitsmaterial aber um lebende Pflanzen handelt. Der Einfluss des Wetters, saisonale Schwankungen und jedes neue Jahr sorgen für Überraschungen und verlangen kontinuierliche Anpassung. Aber genau darin besteht die Herausforderung jeder neuen Saison und jedes neuen Gartens.

Jedes Beet erhält eine Hauptkultur. Wir nutzen das Dreifachsystem mit drei mal vier Beeten. Anspruchsvolle Kulturen sind Kartoffeln, Kohl, Peperoni und Auberginen. Diese erhalten kräftige, organische Düngung. Nach diesen Kulturen folgen Pflanzen mit weniger Ansprüchen. Sie erhalten eine kräftige Gabe Kompost und meist auch ein bisschen Kalk. Mais, Tomaten, Erbsen, Bohnen und Lauch zählen dazu. Im dritten Jahr folgen dann Wurzelgewächse, Salat, Zwiebeln und Rüben.

Natürlich passen Sie alles Ihren Vorlieben und Ihrem Geschmack an. Verläuft nicht alles nach Plan, weichen Sie von der Reihenfolge ab, geben der Pflanze, die nicht genau passt, zusätzlichen Kompost – dann klappt es meist. Achten Sie vor allem auf die Kohlpflanzen. Um Kohlhernie (ein Pilz an den Wurzeln) zu vermeiden, muss Kohl rotieren. Er darf erst nach mindestens drei Jahren am selben Platz wieder angebaut werden. Vor dem Auspflanzen zusätzlich kalken, um die Pflanze vital zu halten.

Setzlinge oder Salat? Das ist egal, kombiniertes Säen und Pflanzen sorgt für ständige Salaternte.

Einteilung

Die verfügbare Fläche wurde hier in zwölf Anbauflächen eingeteilt. Eine gute Tiefe für ein Beet beträgt ungefähr 100 Zentimeter bei zwei Metern Länge (oder 90 Zentimeter bei 2,20 Metern bzw. 110 Zentimeter bei 2,40 Metern), das ist ein gutes Verhältnis. Werden dazwischen Wege mit einer Breite von etwa 30 Zentimetern angelegt, haben Sie ausreichend Variationsmöglichkeiten zur kompletten Einrichtung eines Gartenstücks. Sie können Wege mit Platten befestigen und Beete mit einer erhöhten Kante von 10 Zentimetern aus Bauholz abschließen.

Das Spiel mit Farben, Blattformen und Pflanzenkombinationen verleiht dem Küchengarten Struktur, eine größere Variation und breite Ernteverteilung.

Vorkultur
Ackerbohnen
Rucola
Hauptkultur
Kartoffeln
Brokkoli,
Koriander
Aubergine,
Basilikum
Zuckermais,
Stangenbohnen
Tomaten,
Knoblauch
Lauch,
Spinat
Nachkultur
Knollenfenchel
Pflücksalat
Postelein
Winterrettich
Kerbel
Vorkultur
Radieschen
Gartenkresse
Blattsenf
Hauptkultur
Paprika,
Schalotten
Möhren,
Salat
Erbsen
Rüben
Bohnen
Zucchini
Nachkultur
Endivie
Grünkohl
Feldsalat
Rucola
800CM x 460CM

Ein französischer Potager

Ein französischer Küchengarten ist wie der englische Kitchen Garden traditionell ein kleiner Garten, zentral gelegen in einem größeren, in dem man in hauptsächlich essbare Pflanzen intensiv anbaut. Im Potager ist es das Ziel, nicht nur den funktionellen, sondern auch den Zierwert der Pflanzen zu betonen. Typisch sind seine geometrische Struktur mit vielen Wegen und die Kombination aus Gemüse, Obst, Kräutern und Blumen. Der auffallendste Kontrast zum klassischen Küchengarten besteht in der dauerhafteren Struktur, oft mit Einfriedungen, befestigten Wegen und Rankkonstruktionen. Damit schließt der Potager eng an den mittelalterlichen Lustgarten an, einem geschlossenen Ort im Garten, der zum Verweilen einlud.

Im Potager liegt die Betonung auf feinem Gemüse. Hier geht es nicht um die reichen Ernten eines funktionellen Küchengartens, sondern um Exklusivität aus dem eigenen Garten. Die feinsten Bohnen, die jüngsten Erbsen, besondere Obstsorten und ein großes Kräuterangebot machen den Potager zu einem Ort, an dem für jede Mahlzeit etwas Besonderes geerntet werden kann. Farbe und Form sind wichtig. Ein Potager ist ein Stück Garten, mit dem intensiv gearbeitet werden muss. Jede Pflanzenkombination wird abgewägt, einjährige Pflanzen und Stauden wechseln einander ab. Mit Sträuchern, Kletterpflanzen und kleinen Bäumen entsteht ein Nutzgarten, der versucht, den meisten Prinzipien des Ziergartens zu folgen. Da in einem Potager viel geerntet wird, besteht die Herausforderung darin, ihn gefüllt zu halten, das intensive Spiel von Aussaat, Pflanzen, Schneiden, Ernten, Führen und Formen zu kombinieren. Der echte französische Küchengarten wird nicht einfach angelegt. Wie ein Ziergarten benötigt er einige Jahre zum Wachsen, bis er dann Wunsch und Geschmack des Besitzers entspricht.

Die Form des Potagers ist danach ausgerichtet, Obst, Gemüse, Blumen und Kräuter gut zu erreichen. Die Einteilung ist streng geometrisch und es gibt genügend Sitzplätze. In Kombination mit (Spalier-)Obstbäumchen und Rankhilfen hat ein solcher Küchengarten einen sehr häuslichen Charakter.

Pflanzen

Die Franzosen verfügen über eine glänzende kulinarische Reputation. Nicht nur das Gefühl für Harmonie, ihr Respekt für Ursprünglichkeit und ihre Würdigung der Basisprodukte, auch das französische Flair, nur das Beste, Jüngste, Zarteste und höchst Verfeinerte zu wählen, bestimmen die Einzigartigkeit ihrer Küchengärten.

Die Potager-Saison beginnt früh mit den ersten Radieschen. Das kühle Frühjahr ist ideal. Nehmen Sie ein buntes Sortiment an Farben oder das traditionelle, aber interessante 'French Breakfast': längliche, stumpfe Radieschen, unten weiß und oben rot, originell und elegant mit grünem Laub, eine perfekte Komination von Originalität, Eleganz und Aroma. Sorgen Sie immer dafür, dass Radieschen ausreichend mit Wasser versorgt sind, damit sie gut wachsen und einen zarten Geschmack entwickeln.

Mangetout ist ein traditioneller französischer Ausdruck und bedeutet „alles aufessen". Damit sind Zuckererbsen oder Kaiserschoten gemeint. Diese Erbsen werden noch jung geerntet, wenn sich die Samen gerade entwickeln, und mit Hülse gegessen. Bestimmte Sorten werden jedoch gerade wegen der dicken, saftigen Schoten gezüchtet. Mangetouts verlangen etwas Aufmerksamkeit bei der Ernte, weil sie sehr präzise gepflückt werden müssen. Bleiben sie zu lange hängen, schwellen die Samen doch und die Hülsen werden hart. Zu jung gepflückt, bringt die Ernte nicht viel. Es gibt superdünne, feine Zuckererbsen und große, beeindruckende Sorten. Ein Beispiel dafür ist 'Carouby de Maussane'. Eine kletternde oder rankende Variante bis 1,5 Meter Höhe, die große, fleischige Hülsen mit einer Länge von 15 Zentimetern bildet. Sie brauchen dann also nur um die zehn Schoten pro Person, um den Teller zu füllen.

Diese „junge" Technik wird auch bei Dicken Bohnen oder Ackerbohnen eingesetzt. Sehr beliebt sind die französischen Gartenbohnen. Außer den klassischen Grünen Bohnen pflücken die Franzosen oft schon eine erste Ernte an Mini-Gartenbohnen, die im Ganzen gekocht, als Mangetout, gegessen werden.

Zwiebeln, Schalotten und Knoblauch

Zwiebeln, Schalotten und Knoblauch werden in der französischen Küche ausgiebig verwendet und dürfen in keinem Garten fehlen. Auch hier haben die Franzosen die Gewohnheit, nicht immer auf die unterirdische Bildung der Knollen zu warten, sondern einige der grünen, würzigen Blätter zu pflücken oder die jungen, saftigen Stängel in allen Wachstumsphasen zu verwenden. Die gelobte Graue Schalotte verlangt besondere Aufmerksamkeit und sollte möglichst zeitig gepflanzt werden, um zu reifen und eine Ernte mit feinem Duft zu liefern. Die meisten Frühlings- und Lauchzwiebeln können vor dem Winter gesetzt werden, um ab dem Frühjahr „Grün" zu liefern. Küchenzwiebeln werden im zeitigen Frühjahr für die Sommerernte gesät bzw. gesteckt.

Kräuter

Eine Mahlzeit im französischen Stil ist ohne Kräuter nicht komplett. Auch hier kommt es auf die Auswahl an. Der französische Estragon hat ein einzigartiges Anisaroma und dient als Basis besonderer Saucen, für Essig und Speisen. Der typisch französische Thymian ist etwas fruchtiger, mit mehr Zitrus in den Blättern. Salbei und Rosmarin bereichern die Welt mit Aromen und sorgen im Garten für Duft und Atmosphäre, die uns mit geschlossenen Augen in den Süden versetzen.

Wärmeliebendes Obst

Runden Sie die Palette mit Trauben im Garten ab, am besten mit einer Sorte, die an einer Pergola rankt. An einem windgeschützten Platz im Garten oder an einer nach Süden ausgerichteten Mauer können auch Feigen angebaut werden. Oder Sie entscheiden sich für Aprikosen. Die zusätzliche Wärme, die diese in manchem Winter und vor allem im wechselhaften Frühling brauchen, lohnt die Mühe, da Sie in der Sommermitte den süßen Geschmack dieser herrlichen Früchte genießen können. Setzen Sie einzelne Wald-Erdbeeren an den Fuß der Pflanzen oder im Garten verteilt, dann wird das Konzept eines Gartens voll verfeinerter Düfte und Aromen, der perfekte Potager, komplett.

Ausgereifte Tomaten, reichlich Zuckererbsen und würziger Knoblauch, das lieben die Franzosen.

2 x Kürbis
Melone
Melone
Thymian
Salbei
Ackerbohnen
Kartoffeln
Tomaten
Erbsen
Erbsen
Bohnen
Tomaten
Rosmarin
4 x Zucchini
Thymian
Kartoffeln
Bohnen
Ackerbohnen
400CM
x 600CM
Schalotten
Pflücksalat
Möhren
2 x Kürbis
Möhren
Salat
Zwiebeln

Ein Küchengarten voller Stauden

Es klingt vielleicht ein bisschen ungewöhnlich – ein Nutzgarten voller Stauden. Ein Küchengarten, der nicht traditionell aus einjährigen Pflanzen aufgebaut wird? Die jährliche Arbeit mit Umgraben, Säen, Ausdünnen und Jäten, ist sie überflüssig?
Betrachten Sie einen Ziergarten, auch hier sieht man, dass wir längst mit dem großen, abwechslungsreichen Angebot an beständigen Stauden als echter Basis vertraut sind, die das Zentrum eines Gartens bilden. Farbenfrohe, reich blühende Einjährige werden als Ergänzung, als Extra für Farbe oder besondere Akzente eingesetzt. Der Küchengarten, den wir hier vorstellen, ist hauptsächlich aus essbaren Stauden aufgebaut.
Stauden bieten viele Vorteile. Der Zwang, jedes Jahr bei Null anzufangen, verschwindet. Die Pflanzen werden ein Mal angepflanzt oder gesät und kommen jedes Jahr erneut zum Vorschein. Es dauert etwa zwei bis drei Jahre, bevor der Garten zugewachsen ist, aber ab dem dritten Jahr gilt alle Aufmerksamkeit der Ernte. Stauden behalten ihren Platz, sodass Sie intensiv jäten können. Wenn Sie alles einmal unter Kontrolle haben, können Sie die Gartenarbeit mit nährstoffreicher Bodenabdeckung bis auf ein Minimum zurückfahren. Nach einigen Jahren besitzen Sie einen praktisch unterhaltsfreien Garten.
Der Staudenküchengarten ist ein Konzept, das viele Gärtner anspricht. Sie können es strikt anwenden oder mit Einjährigen und spielerischen Saisonpflanzen ergänzen und kombinieren. Das verlangt allerdings einen ganz ungewohnten Zugang. Vergessen Sie einfach alles, was Sie über Küchengärten gelernt haben und öffnen Sie sich einer komplett neuen Herangehensweise. Sie werden auf jeden Fall von der Vielseitigkeit der Pflanzen überrascht sein und können die reiche Vielfalt dieser vom Umfang her beschränkten, aber schönen Gruppe Gemüse ausprobieren.

Meerfenchel

Der Boden

Wir sind mit Staudengemüse nicht wirklich vertraut, auch das Angebot ist sehr beschränkt. Oft handelt es sich aber um auffallende, beeindruckende Pflanzen mit enormem Zierwert, verschiedenen Farbtönen und ungewöhnlicher Ernte. Die meisten sind gut winterhart, brauchen jedoch wie alle Gartenpflanzen ab und zu besondere Aufmerksamkeit, um jahrelang produktiv und problemlos wachsen zu können.
Für die Anlage eines solchen Staudengartens muss der Boden richtig vorbereitet werden. Hat das Wachstum im Garten erst begonnen, wird es schwer und es ist auch nicht Sinn der Sache, den Boden dann noch zu bearbeiten. Sorgen Sie also vorab dafür, dass der Boden unkrautfrei ist. Vor allem Wurzelunkräuter müssen sehr gründlich entfernt werden, da sie sich sonst zwischen den Gemüsestauden ausbreiten und eher schwer entfernt werden können.
Wichtig ist, eine gute Basisdüngung in den Boden einzuarbeiten. Die Pflanzen brauchen für ihre langjährige Entwicklung und ihr Wachstum einen kräftigen Vorrat. Geizen Sie nicht mit Kompost und sorgen Sie für einen ordentlichen Vorrat organischen Pflanzendüngers. Es gibt auffallend viele kalkliebende Pflanzen. Zusätzliche Dränage, grober Sand und etwas Kalk werden hier verlangt. Leichte Böden brauchen zusätzlichen Lehm. Schenken Sie dem Boden also Aufmerksamkeit, bevor Sie einen Garten für Jahre anlegen!

Einteilung

Beim Entwurf eines Staudenküchengartens gibt es kaum Einschränkungen. Es ist etwas einfacher, weil Sie mehr Gewissheit über Umfang und Wachstum der Pflanzen haben. Berücksichtigen Sie aber auch, dass Sie auf leichten, eher mageren Böden die Pflanzenn mit etwas geringem Abstand setzen als auf reichen, schweren Böden. Planen Sie wie bei jedem Küchengarten viele Wege und kleine Abschnitte ein, das erleichtert Pflege und Erreichbarkeit der Pflanzen – und somit auch die Ernte. Bauen Sie Ihren Nutzgarten wie einen Blumen- oder Ziergarten auf. Achten Sie auf Pflanzabstände, Höhen, Blattstrukturen und Blütenfarben. Kombinieren Sie Pflanzen in Harmonie oder schaffen Sie Kontraste. Gestalten Sie von hoch hin zu niedrig, ganz wie in einer Staudenrabatte. Wählen Sie Ihren eigenen Stil: klar und streng oder verspielt und wild durcheinander, funktionell oder originell. Beachten Sie vor allem auffallende Blattstrukturen, diese sind das ganze Jahr präsent.

Artischocke mit erntereifen Knospen

Staudengemüse in gebleichter Form

Bleichen

Stauden haben wie alle anderen Pflanzen die Eigenschaft, dass sie den Vorrat für neues Wachstum im Winter in ihren Wurzeln speichern, um in der ersten Frühlingswärme damit zu beginnen. Deshalb kann man die meisten Pflanzen bleichen und ihr Wachstum beschleunigen. Eine alte Technik, die aus einer Zeit stammt, in der es noch keine Gefrierschränke und beheizte Gewächshäuser gab, man jedoch erfindungsreich genug war, um im zeitigen Frühjahr schon ausreichend ernten zu können.

Die Technik ist ganz einfach: Abhängig vom Wetter werden ab Mitte Februar bis Mitte März die Pflanzen ausgewählt, an denen gerade ein Wachstumspunkt oder eine Knospe über der Erde erscheint. Auf eine solche Pflanze wird eine Bleichglocke gesetzt. Traditionell handelt es sich um einen glockenförmigen Terrakottatopf mit Deckel. Es klappt jedoch auch mit einem umgedrehten Plastikeimer (viel preiswerter und nicht so zerbrechlich). Abgeschirmt von Wetter, Wind und Licht wird es unter Glocke oder Eimer etwas wärmer als draußen. So holen Sie die Pflanzen früher als normal aus der Winterruhe und legen den Grundstein für eine besonders frühe Frühlingsernte. Durch den Lichtmangel bilden sie kein Blattgrün, sondern längliche, bleiche Triebe und Blätter. Nach einigen Wochen wachsen sie bis 10, 20 Zentimeter Höhe heran. Die Bleichglocke wird entfernt und die erste Ernte knapp über dem Boden abgeschnitten. Danach erhalten die Pflanzen wieder Licht und wachsen wie gewohnt weiter. Die geernteten Sprossen sind besonders knackig und zart, oft weiß, zartrosa oder zartgelb, auf jeden Fall jedoch etwas Besonderes auf dem Tisch. Gebleichter Meerkohl in Gelb oder Rosé, Spargel in Weiß und Rosé, die beinah fluoreszierende Färbung des Guten Heinrichs, die gebleichte Spanische Artischocke und die knackige Struktur der Türkischen Ranke können als einzigartige Produkte im eigenen Garten geerntet werden.

Meerkohl, Meerfenchel und Stranddistel

Meerkohl (*Crambe maritima*) ist eine Wildpflanze, die von den Küsten der Bretagne und der Normandie bis nach Sibirien verbreitet ist. Die Pflanzen wachsen kräftig und breit und benötigen ungefähr 60 x 60 Zentimeter Platz. Es sind beeindruckende Blattpflanzen, die mit ihren fleischigen, welligen Blättern die Basis für diesen Garten sein können. Sie haben die Wahl zwischen blau- bis violettfarbenem Meerkohl oder der besonders zum Bleichen geeigneten Sorte 'Lily White'. Beide Pflanzen blühen im Frühling mit prächtigen, breiten Blütenschirmen, randvoll mit kleinen, weißen Blüten. Traditionell werden die Pflanzen ab Februar vor Ort im Garten gebleicht, die jungen grünen oder bläulichen Stängel und jungen Blätter können auch normal geerntet und roh oder gekocht gegessen werden. Ihr Geschmack liegt zwischen Spargel und Blumenkohl.

Meerfenchel (*Crithmum maritimum*) ist in Wuchs, Blüte und Blattform etwas bescheidener. Die Pflanzen haben die selbe fleischige Struktur, aber feine, gefiederte Blätter. Die Blüte ist bescheidener, später im Jahr mit zartgelber Färbung. Der Geschmack ist salzig-süßlich mit einer Note Fenchel. Meerfenchel kann gebleicht oder normal grün gegessen werden: Blätter, Knospen und Blüten sind essbar, wegen ihres intensiven Geschmacks wird die Pflanze aber eher als Gewürz verwendet. Die Samen, Knospen, Blüten und Triebe werden oft in Essig eingelegt.

Auch die Stranddistel (*Eryngium maritimum*) zeigt diese besondere, graue Färbung, diesmal mit scharfen, distelartigen Blättern und auffallenden kleinen, tiefblauen Blüten im Spätsommer. Früher wurden die Pflanzen wegen ihrer süßen Wurzeln wild geerntet, im Staudengemüsegarten verwende ich sie wegen ihrer gebleichten oder ganz jungen grünen Frühlingsblätter. Diese typischen Küstenpflanzen möchten alle zusätzlichen Kalk, gut dränierten Boden und Meeresalgen als Zusatzdünger.

Meerkohl, grün und gebleicht

Artischocken

Artischocke und Spanische Artischocke

Auch die Artischocke und die eng verwandte Spanische Artischocke (oder Cardy) sind echte Küstenbewohner. Sie brauchen deshalb nicht so viel Zusatzwärme, sondern vor allem einen milden Winter. Nasse Böden in Kombination mit strengem Frost sind für die meisten Pflanzen fatal. Sorgen Sie deshalb für Schutz. Pflanzen Sie eventuell in ein 15 bis 30 Zentimeter erhöhtes Beet, sodass sie trocken durch die Wintermonate kommen. Nach einigen Jahren haben Sie schwere, kräftige Pflanzen. Dann wird es manchmal nötig, die Pflanzen zu verjüngen oder einen Teil der Pflanze herauszureißen. Die zentrale Mutterpflanze bleibt erhalten und die jungen Triebe werden im zeitigen Frühjahr mit dem Spaten abgestochen. Mit ein paar Wurzeln können sie im Garten an anderer Stelle ausgepflanzt werden. Artischocken werden wegen der jungen, noch schön geschlossenen Blütenknospen angebaut. Bei der einfacheren und eher winterharten Spanischen Artischocke wird auf die Ernte der Blätter gezielt. Die kräftigen Pflanzen werden im Spätsommer ein bisschen zusammengebunden oder sogar mit Pappe umwickelt, um innen neues, gebleichtes Blattwerk zu bilden. Grün und ungebleicht sind sie zu bitter zum Verzehr.

Spargel, Meerkohl und mehrjähriger Brokkoli

Spargel

Spargel, auch eine Küstenpflanze, kann man aus Samen oder gekauftem Pflanzgut ziehen. Auch aus Samen klappt es recht leicht, in zwei bis drei Jahren eine gute Ernte zu erzielen. Sie haben die Wahl zwischen grünen und weißen Sorten. Oder Sie gehen auf Suche nach dem weniger gängigen violetten Spargel. Lassen Sie die Pflanzen einige Jahre in Ruhe wachsen. Geerntet wird, wenn die Triebe noch jung und dünn sind. Die jungen Pflanzen nicht zu intensiv beernten, um sie nicht zu sehr zu erschöpfen. Wenn Sie weißen, gebleichten Spargel möchten, nehmen Sie die Bleichglocke oder den Eimer vom Meerkohl. So wird Ihr grüner oder violetter Spargel vollständig weiß.

Ewiger Kohl und Staudenbrokkoli

Ewiger Kohl ist eine alte Sorte Blattkohl, die nur Blätter und keine Blüten bildet. Suchen Sie also nicht nach Samen, die Pflanzen werden aus Stecklingen gezogen. Sie wachsen in einer Saison zu einem Strauch von fast einem Quadratmeter Breite und ebensolcher Höhe aus. Ewiger Kohl ist nahezu ganzjährig grün und kann als „Buchsbaum des Küchengartens" bezeichnet werden. In strengen Wintern können die Blätter oberirdisch verschwinden, sie kommen im Frühling jedoch schnell wieder zum Vorschein und sorgen sofort für neues Grün. Wie Blattkohl ernten. Er hat einen milden, nussigen Geschmack. Es gibt auch eine auffallend bunte Variante, wenn man ein bisschen Abwechslung sucht.

'Nine Star Perennial' ist ein mehrjähriger Brokkoli. Jungpflanzen werden im Frühsommer aus Samen gezogen, sodass zum Winter hin eine stattliche, kräftige Kohlpflanze gewachsen ist. Erst nach dem Winter, ab März, werden die Pflanzen wieder wachsen und einen zentrale, große Brokkoliknospe bilden. Die rahmweiße Knospe erinnert ein bisschen an Blumenkohl. Nach der Ernte der zentralen Knospe entwickeln sich sechs kleinere Seitenknospen, die nach einige Wochen erntereif sind. Auf diese Ernte folgen nach ein paar Wochen 24 noch kleinere Knospen. Auch diese können geerntet und verwendet werden, auf sie folgen noch kleinere Knospen. Wichtig ist, alle Knospen weiter zu ernten, um so Blüte und Samenbildung zu vermeiden. Das macht die Pflanzen mehrjährig und ausdauernd. Nach Ernte der letzten Knospen darf die Pflanze weiter wachsen und neue Blätter bilden. Nach dem Winter beginnt die neue Ernte.

Ewiger Kohl kann gut zehn Jahre am selben Platz angebaut werden. Der Staudenbrokkoli verholzt und treibt nach drei Jahren stark. Dann wird es Zeit, mit neuem Pflanzmaterial an anderer Stelle zu beginnen.

Ewigerkohl

Guter Heinrich als grüne und gebleichte Version

Guter Heinrich, Türkische Rauke und Löwenzahn

Guter Heinrich (*Chenopodium bonus-henricus*) ist eine kräftige Staude, die im Garten viele Jahre lang problemlos wächst. Alle Böden, Sonne oder Halbschatten, sind geeignet. Im Frühling gehört er zu den ersten Pflanzen, die wachsen. An den grünen Blättern erkennt man seine Verwandtschaft mit Spinat. Junge Blätter können roh verzehrt werden, die älteren Blätter jedoch meist gekocht. Die Pflanzen können im Frühling gebleicht werden. Nach einigen Wochen erntet man auffallende rosa Stängel und hellgelbe Blätter mit spröder, knackiger Struktur. Etwas später im Frühsommer erscheinen die grünen Blütenknospen, die kurz vor der Blüte als eine Art Brokkoli geerntet werden können. Bündeln und wie Spargel blanchieren ist die gängigste Art der Zubereitung. Die Blätter können ruhig mehrmals jährlich geerntet werden. Die Pflanzen bilden jedes Mal frische grüne Blätter, die eine gute Ernte ergeben.

Süßdolde oder Myrrhenkerbel (*Myrrhis odorata*) ist in Wuchs und Ernte entsprechend. Auch diese Pflanzen wachsen überall viele Jahre lang problemlos. Schneiden, Ernten, Bleichen und Nachwachsen machen keine Probleme. Außerdem liefert die Süßdolde einen markanten Anisgeschmack für Suppen und Saucen.

Die Türkische Ranke (*Bunias orientalis*) ist ähnlich, von der Struktur her aber etwas kräftiger. Junge Blätter sind im zeitigen Frühjahr essbar, Stängel und Blätter können durch Bleichen etwas knackiger und feiner strukturiert werden. Im Hochsommer erscheinen große Schirme mit feinen, gelben Blüten und Knospen, die ebenfalls essbar sind. Die Blätter sind für den Rest des Sommers gekocht verzehrbar.

Türkische Rauke

Beim Salatlöwenzahn sieht es ganz ähnlich aus. Die Kulturvariante wächst gut und problemlos, die grünen Blätter schmecken jedoch bitter und oft viel zu intensiv. Junge Blätter sind im Frühjahr genießbar. Ansonsten wird die Pflanze mehrmals jährlich gebleicht. Sie erhält so nicht nur eine knackige Struktur mit weißgelber Färbung, sondern auch einen milderen, weiterhin markanten Geschmack. Es gibt spezielle Kulturformen mit besonders breitem oder gekräuseltem Blatt.

Kräuter

Bronze- und grüner Fenchel zählen eigentlich zu den Kräutern, ihr Wuchs und ihre Blüte sind jedoch spektakulär genug, um in diesem Küchengarten einen Platz zu verdienen. Nach ein bis zwei Jahren bildet die Pflanze im Frühling an der Basis neue Triebe, oft zu viel, um sich gut zu entwickeln. Ernten Sie deshalb einfach eine Reihe dieser Miniknollenfenchel und lassen Sie pro Pflanze drei Triebe stehen. Das elegante, feine, süß schmeckende Laub und die zarten gelben Blüten können den Sommer über verwendet werden.

Winterheckezwiebel ist ein Riesenschnittlauch, der nach ein bis zwei Jahren Wachstum grüne Röhren- oder Lauchzwiebeln mit manchmal bis zu vier Zentimetern Durchmesser bildet. Auch weniger bekannte Zwiebelsorten wie Schlangenlauch (*Allium scorodoprasum*) können als Stauden angebaut werden. Jeden Sommer bilden die Pflanzen an ihren bizarren Blütenstängeln schöne Knospen aus vier bis sieben Minizwiebeln mit einer Größe bis zu einem Zentimeter, die im Sommer geerntet werden. Unterirdisch werden die klassischen Zwiebeln gebildet. Diese können geerntet oder einfach vor Ort belassen werden. Im zeitigen Frühjahr erscheint dann eine Reihe junger Zwiebeltriebe. Ein Teil kann herausgezogen und verwendet werden oder mehrmals jährlich als eine Art Schnittlauch mit Knoblaucharoma zurückgeschnitten werden. Knoblauch für das ganze Jahr!

Staudengemüse

Pflanze	Aussaat oder Steckling	Pflanzabstand	Ernte	Lebensdauer
Meerkohl	Samen/Steckling	50–60 cm	April–Mai	10–15 Jahre
Meerfenchel	Samen	30 cm	Mai–September	5 Jahre
Stranddistel	Samen	15–30 cm	März	7 Jahre
Artischocke	Samen	100 cm	Mai–September	10 Jahre
Spanische Artischocke	Samen	100 cm	Juni–September	7 Jahre
Spargel	Samen/Pflanzgut	30–50 cm	Mai–Juni	10–15 Jahre
Ewiger Kohl	Steckling	100 cm	ganzjährig	5–7 Jahre
Staudenbrokkoli	Samen	100 cm	März–Mai	3–5 Jahre
Guter Heinrich	Samen	50 cm	März-September	10–15 Jahre
Türkische Rauke	Samen	50 cm	März	5–10 Jahre
Löwenzahn	Samen	30 cm	März	5 Jahre
Gewürzfenchel	Samen	35 cm	März-August	5 Jahre
Winterheckezwiebel	Samen	10 cm	März-August	5 Jahre
Schlangenlauch	Pflanzgut	20 cm	ganzjährig	5 Jahre
Rhabarber	Samen/Stecklinge	100 cm	April-Juni	7 Jahre
Süßdolde	Samen	75 cm	März-September	10–15 Jahre
Schwarzwurzel	Samen	20 cm	März-Juni	5 Jahre

Rhabarber

Im Staudenküchengarten darf Rhabarber natürlich nicht fehlen. Die dicken, fleischigen Stängel sind bereits ab dem zeitigen Frühjahr erntbar und können sogar gebleicht werden. Die Blätter können nicht verwendet werden, sie sind giftig. Die sauren Stängel jedoch sind perfekt für aromatische Süßspeisen.

Andere Gemüse

Sie können noch mit vielen anderen Gemüsesorten experimentieren. Das Entfernen der Blüte oder der Samenstände macht einige Pflanzen mehrjährig, auch wenn wir sie als Einjährige kennen. Schwarzwurzeln können so perfekt zur Staude gezogen werden. Die Ernte besteht dann nicht in den Wurzeln, sondern den jungen, eventuell gebleichten Frühlingsblättern mit mildem, angenehmem Aroma. Höhepunkt bei Schwarzwurzeln sind die gelben, essbaren Blüten, die überraschenderweise nach Schokolade schmecken. Viele Lauchsorten können wie Schnittlauch mehrjährig angebaut werden, eine Reihe Kohlsorten kann mehrere Jahre nacheinander im Garten behalten werden.

Blatt- und Farbkontrast bei Süßdolde, Meerkohl und Blutampfer

Der Garten

Wir haben einen Plan von etwa 4 x 6 Metern erstellt. In der Mitte liegt ein Mischbeet. Darin befinden sich zentral drei Artischockenpflanzen. Sie werden von allen Pflanzen am größten. Die Beetränder werden mit 24 Meerkohlpflanzen gebildet. Sie sorgen nicht nur für eine exklusive Frühlingsernte, sondern dürfen mit ihren eleganten Blättern und weißen Blüten gern dominant sein. Pflanzen Sie 'Lily White' und blaue Sorten abwechselnd. Vor allem im Frühjahr bringt das ein schönes Farbenspiel. Den übrigen Raum bepflanzen wir mit Blutampfer, grünem und violettem Spargel und Meerfenchel – drei völlig unterschiedlichen Blattfarben, -formen und Pflanzenstrukturen. Der Blutampfer fällt vor allem im Frühling und Herbst ins Auge. Die Spargel wachsen im Frühling in schönem Kontrast zu Meerkohl und Artischocke. Im Herbst verleihen sie diesem Stückchen Garten mit ihrem eleganten Grün eine schöne Atmosphäre. Der Meerfenchel bleibt mit dem Meerkohl auf einer Höhe, seine gefiederten Blätter in gleicher Farbe sorgen jedoch für eine bemerkenswerte Blattkombination. Die Pflanzen blühen im Herbst zartgelb. Sie sind im Verhältnis zum Meerkohl eher bescheiden. Um allem noch etwas mehr Blüten zu verleihen, kann in die Zwischenräume dieser vor allem großen Pflanzen Schnittknoblauch gesetzt werden. Die feinen, eleganten, flachen Blätter wachsen überall hindurch und die weißen Blüten blühen ab dem Hochsommer bis tief hinein in den Herbst.

An den Gartenrändern legen wir ein Beet mit einem Meter Breite an und teilen es in sechs Abschnitte. In jeden wird exakt ein Gemüse gepflanzt. Guter Heinrich, Ewiger Kohl, Staudenbrokkoli, Schlangenlauch, Bronze- und grüner Fenchel, Rhabarber, Türkische Rauke, Schwarzwurzeln (wegen der Blätter) und Süßdolde.

Ewiger Kohl
Schlangenlauch
Guter Heinrich
4 x Bronzefenchel
Salatlöwenzahn
Süßdolde
400CM x 600CM
Schnittlauch x 6
6 x Spargel
Artischocke 3 x
Ampfer 6 x
3 x Meerfenchel
24 x Meerkohl
Rhabarber
8 x Schwarzwurzeln
Grüner Fenchel
Türkische Rauke
Winterheckezwiebel
Brokkoli Nine Star

Der fernöstliche Küchengarten

Länder wie China und Japan dienen schon lange als wichtige Inspirationsquelle für neue Pflanzen. Herrliche Bäume, Sträucher und besondere Stauden haben den Weg in unsere Gärten gefunden und zeigen uns die Schönheit und Raffinesse des Ostens. Auch an den typisch asiatischen, zen-inspirierten Gärten können wir uns ein Vorbild nehmen. Es gibt jedoch einen Bereich im Garten, in dem der Einfluss Asiens sehr beschränkt ist oder vollständig fehlt. Wir bauen nämlich wenig asiatisches Gemüse an. Und haben kaum eine Vorstellung von einem asiatischen Küchengarten. Asien hat eine lange kulinarische Tradition. Diese dichtbesiedelte Region ist vor allem durch intensiven Land- und Gartenbau bekannt. Man trifft auch auf viele schon vertraute Pflanzen. Kohl, Möhren, Salat, Erbsen und Bohnen sind in vielen Variationen präsent. Speziell asiatische Gemüse und Kräuter, lokale Sorten, besondere Sorten und andere Anbau- und Zuchtmethoden führen dazu, dass ein asiatischer Gemüsegarten völlig anders aussieht.
Der asiatische Küchengarten ist klein und intensiv. Das dicht besiedelte China und ein

Radieschensprossen

Bambus sorgt für fernöstliches Flair

Land wie Japan, dessen bebaubare Fläche beschränkt ist, bilden den Ausgangspunkt für kleine Parzellen mit funktionellen Reihen. Kletterpflanzen erhalten große Bedeutung zur optimalen Nutzung der Bodenfläche, auch Bambus ist als Material stets vorhanden.

Sofort fällt auf, dass die Gemüse in diesen Regionen mit verfeinerten Methoden angebaut werden. Blütenknospen, delikate Sprossen und junge Blattspitzen sind wichtiger Teil des Angebots. Gemüse werden häufig in unterschiedlichen Wachstumsstadien geerntet, elegant gebündelt und so zum Verkauf angeboten. Präsentation ist sehr wichtig. Jede Pflanze wird mit großer Sorgfalt und Respekt verarbeitet und behandelt. Die verfeinerte Art setzt sich in der Küche und bei Tisch fort. Der asiatische Stil hat viel mit Präsentation, Probieren und Aroma zu tun. Die Zeremonie aus Servieren, der Handlung des Essens selbst und der sensorischen Sättigung ist sehr wichtig. Den

Blütenknospen von Radieschen

Edamame-Soja

Farbenfrohe Radieschenscheiben

'Purple Choy'

Hunger zu stillen ist zweitrangig. Der Geschmack Asiens bedeutet also mehr als nur der Anbau anderer Sorten: Es ist eine neue Einstellung, ein aromatisches Abenteuer vom Garten bis auf den Tisch.

Typisch asiatische Pflanzen, die nicht winterhart sind (als Pflanzgut im Handel oder zur Anzucht unter Glas) sind Zitronengras, Ingwer und Vietnamesische Minze. Einjährige für das Gewächshaus sind beispielsweise Yard Long Beans (grüne Bohnen bis 30 cm Länge), Schlangengurken (Trichosanthes: tropische Gurken bis 1,5 Meter Länge mit dem Geschmack grüner Bohnen) und Okras (lange, spitze Früchte mit zartem Aroma und bindenden Eigenschaften).

Auffallende asiatische Gemüse

Soja ist in dieser Region eine wichtige Nutzpflanze. Die Pflanzen werden wegen ihres hohen Nährwerts in großem Umfang angebaut und die Bohnen sind in allen möglichen Formen in den Speisen präsent. Neben dem Anbau für die getrockneten, eiweißreichen Bohnen und alle möglichen Nebenprodukte wird in den kleinen Gärten Edamame gezogen. Diese frische Sojaform wird grün in der Schote geerntet, ein paar Minuten gekocht, mit kaltem Wasser abgeschreckt und serviert. Die Hülsen werden geöffnet und die zarten Bohnen mit ein bisschen Geschick als Snack verzehrt. Frische Soja hat einen feinen Geschmack zwischen frischen Erbsen und Erdnüssen. Edamame kann leicht im eigenen Garten angebaut werden. Bei Aussaat Ende Mai kann Ende August geerntet werden. Die meist speziell ausgewählten Sorten wie 'Envy' und 'Merlin' bilden recht große gelbe oder grüne Bohnen. Jeweils drei Bohnen sitzen in kurzen Schoten an reich beladenen Pflanzen von etwa 90 Zentimetern Höhe.

Außerdem sind unsere gewohnten Radieschen sehr beliebt. Es gibt ein großes Angebot an Frühlingsknollen, aber vor allem die großen Sommer- und Winterradieschen finden sich in vielen Variationen. Der lange, weiße Daikon, die großen, rosa chinesischen Radieschen, das auffallende 'Red Meat' (weiß mit rosa Herz) und das ungewöhnliche 'Green Luobo' (ein zartgrünes Radieschen) werden häufig zur essbaren Tischdekoration geschnitzt. Neben unterirdischen Knollen werden auch die zierlichen Blüten und auffallenden Samenschoten der Radieschenpflanze verwendet. Die jungen, oft tiefroten Samenschoten der speziell ausgewählten Sorten wie der „Schlangenradieschen" sind im Garten eine originelle Erscheinung. Sie haben einen klassischen, frischen Radieschengeschmack und verlangen beim

Pak Choi 'Canton Dwarf'

Kai-lan

Tatsoi

Servieren oder bei der Verarbeitung in Salat und Speisen ein bisschen Aufmerksamkeit. Auch die Sprossen der verschiedenen Radieschensorten sind sehr beliebt und randvoll mit Farbe und Aroma.

Kohl

Die Hauptgruppe der asiatischen Gemüse besteht aus Kohl. Machen Sie sich jedoch auf eine Reihe ganz anderer Gemüse gefasst, als sie bei uns bekannt sind. Pak Choi ist der bekannteste und typischste Vertreter. Die auffallend dicken Stängel (in weiß oder grün) mit den grünen, runden Blättern machen ihn zum eleganten Blickfang in jedem westlichen Küchengarten. Die Pflanzen wachsen schnell und problemlos, benötigen aber einen warmen Start. Warten Sie also mit der Aussaat geduldig bis Mitte Mai oder ziehen Sie die Pflanzen mit zusätzlicher Wärme geschützt vor, um sie in diesem Zeitraum im Garten auszupflanzen. Es gibt originelle Miniausgaben wie 'Canton Dwarf' und spektakuläre, violette Vertreter wie 'Purple Choy'.
Noch etwas eleganter präsentiert sich der Tatsoi. Er wächst zunächst ähnlich, breitet die Blattstängel jedoch weit aus, die Blätter in Rosetten ringsum. Die dicken Blattstiele münden in einem runden Blatt und ähneln einem Löffel. Ein wirklich dekorativer Blickfang, der wegen des Schießens gern nach dem längsten Tag, Ende Juni, gesät wird, dann aber auch ruhig bis tief in den Winter im Garten bleiben kann.
Auch Brokkoli ist beliebt, aber diese Pflanze zeigt nicht die klassische Form, die wir kennen. Kai-lan oder Chinesischer Brokkoli kann an den ersten milden Frühlingstagen gesät werden. Der Pflanzabstand beträgt 10 bis 20 Zentimeter, die Pflanzen mit langgestrecktem, kleinem Kopf werden recht hoch. Der Kopf ist der essbare Teil. Nach der Ernte dieses Haupttriebs kommen wie bei unserem Brokkoli kleinere Seitenknospen zum Vorschein. Die Knospen werden zu dem Zeitpunkt geerntet, zu dem sich die ersten Blüten öffnen. Die großen, weißen Kohlblüten machen ihn zur schönen Erscheinung. Oft werden die Knospen gebündelt und einige Minuten als eine Art Spargelbrokkoli gekocht.
Diese Kohlsorten werden häufig etwas dichter gepflanzt und ganz jung als Minigemüse geerntet. So können sie in Wokgerichten im Ganzen verarbeitet werden. Sie verlangen reiche Böden mit Feuchtigkeitsgehalt und zeigen eine kräftige, ungebändige Wuchskraft. Oft wachsen sie schneller als unser Kohl. Frühlingskälte oder wechselhaftes Wetter führen dazu, dass sie im Frühsommer schießen. Das ist jedoch kein Problem, dann finden sie als Knospen- und Stängelgemüse Verwendung.

Blattsenf

Spargelsalat

Quirl-Malve

Blattsenf

Irgendwo zwischen würzig und mild gibt es eine große Gruppe von Blattsenfsorten und -typen (*Brassica juncea*). Es sind stark wachsende Pflanzen, die schnell keimen und in allen Stadien verwendet werden, vom Sprössling bis zum jungen Schnittsalat und ausgewachsenen Blattgrün, aber auch die jungen Blütenknospen. Aussaat von März bis September. Einige Sorten neigen wie Kohl im zeitigen Frühjahr zum Schießen. Meist ist die Aussaat ab Juli deshalb erfolgreicher. Viele der Blattsenfsorten sind gut winterhart und können über längere Zeit geerntet werden. Es gibt buchstäblich hunderte Selektionen mit hellgrünen bis tiefvioletten Blättern, die rund, gekräuselt oder gezähnt sein können. Sie werden als Sorten oder gemischt angeboten und sind ausgezeichnet beständig gegen Wärme und feuchte Witterung. Also ideal, um auch in unseren oft feuchten und wechselhaften Sommern für eine gute Ernte zu sorgen. Der Geschmack ist für die meisten Westeuropäer zumindest ungewohnt. Je nach Pflanzentyp oder -teil kann er ordentlich scharf, würzig, leicht bitter oder mild sein. Die meisten Blätter und Knospen können im Salat verarbeitet werden, gern gemischt mit mild schmeckenden Blattgemüsen. Wer den markanten Geschmack abmildern möchte, kann das Gemüse anbraten oder in Suppen und Eintöpfen kochen.

Blattgemüse

Wer etwas Mildes sucht, landet natürlich beim Salat. Die auffälligsten asiatischen Sorten haben lange, spitze Blätter und werden als „Sword Lettuce" angeboten. Außerdem ist Spargelsalat sehr beliebt. Das ist für uns eine recht merkwürdige Art des Salatanbaus. Dieser Salattyp wurde extra wegen des frühen Schießens und der Entwicklung eines dicken, halbhohen Stängels ausgewählt. Die Stängel werden zwei bis fünf Zentimeter dick und erreichen eine Länge von 20 bis 30 Zentimetern. Sie werden geschält und als Stängelgemüse zubereitet. Ihre Struktur ist weich wie bei Schwarzwurzeln, mit süßem, manchmal leicht bitterem Geschmack.

Auch die verschiedenen Sorten Blatt-Amaranth haben ein mildes Aroma. Die Blätter können roh oder gekocht zubereitet werden und sind mit unserem Spinat vergleichbar. Sie haben manchmal überraschend rote oder dunkle Farben und Zeichnungen im Blatt, die sie auch als reine Zierpflanze im Garten einsetzbar machen.

Ganz mild wird es mit der Quirl-Malve. Die Pflanzen der Malva verticillata crispa sind eng mit unseren Stockrosen verwandt und wachsen oft üppig. Die Blüten sind leider nicht spektakulär, aber die großen, tiefgrünen, gewellten Blätter haben eine herrlich weiche Struktur. Sie lassen sich gut in Suppen und Saucen verarbeiten. Ihre bindende Wirkung sorgt für ein samtweiches Ergebnis.

Fruchtgemüse

Beim Fruchtgemüse sind vor allem Kürbisse beliebt. Eines der schönsten Beispiele ist der 'Futsu Black', ein kleiner Muskatkürbis mit tiefgrüner, fast schwarzer Schale, die bei Lagerung in einen zarten Terrakottaton übergeht. Innen befindet sich das dunkelorange Fruchtfleisch mit trockener Struktur und süßem Geschmack.
Noch so ein Außenseiter ist die Okra. Die Pflanzen sind mit Hibiskus verwandt und können im Mai ausgesät und Anfang Juli unter Glas oder Folie ausgepflanzt werden. Okras brauchen gehaltvollen Boden und zusätzliche Bewässerung. Die prächtigen, rahmgelben Blüten blühen nur für Stunden und gehen dann über in dicke grüne oder rote Samenhülsen. Diese werden jung geerntet und in Suppen und Eintöpfen verarbeitet.

Blatt-Amaranth

Kürbis 'Futsu Black'

Okra

Schnittknoblauch

Shiso

Würziges Senfblatt von 'Purple Frills' und 'Green Frills'

Asiatische Kräuter

Auch asiatische Kräuter sind einerseits vertraut, aber dennoch überraschend. Ein gutes Beispiel ist *Allium tuberosum* oder Schnittknoblauch. Wie unser vertrauter Schnittlauch bildet er eine sehr kräftige, winterharte, mehrjährige Pflanze, die beim ersten Anzeichen des Frühlings ihre dünnen Sprossen hervorzaubert. Beim Schnittknoblauch werden sie zu platten Blättern, deren Geschmack etwas stärker, fast knoblauchartig ist. Erwarten Sie die Blüte nicht im zeitigen Frühjahr, sondern in der Sommermitte, wenn sich auf den 50 bis 70 Zentimeter hohen Stängeln prächtige, weiße Alliumblüten öffnen. Eine Pflanze voller Möglichkeiten. Mit speziellen Bleichglocken bleicht man die Blätter frühzeitig im Frühling zu langen, gelben, pflanzlichen Nudeln, einem beliebten Bestandteil traditioneller Frühlingssuppen. Außer den Blättern sind auch die gerade noch geschlossenen Blütenknospen populär. Sie werden in Teig getaucht und als wunderbare, köstliche Tempura serviert. Die würzigen weißen Blüten mit demselben Knoblaucharoma werden in Salaten verwendet.

Eine weitere typisch asiatische Pflanze ist Shiso (*Perilla frutescens*). Die Pflanzen können von Ende Mai bis Juli direkt im Freien ausgesät werden. Ungeduldige können ab März unter Glas mit etwas Bodenwärme vorsäen, um Mitte Mai schöne Pflanzen zu haben. Sie werden im Abstand von 30 bis 50 Zentimetern in den Garten gepflanzt, gern in voller Sonne. Etwas Kompost ist wichtig, außerdem lieben die Pflanzen leicht saure Böden. Zusätzlicher Blatthumus macht alles perfekt. Es gibt auffällige rote und violettblättrige Varianten und eine etwas stärker duftende Sorte in Grün. Für einen spektakulär dunklen Effekt im Garten (auch das Auge verlangt etwas) nehmen Sie die dunkle „Aka Shiso"! Möchten Sie jedoch wirklich verfeinert kulinarisch zu Werke gehen, entscheiden Sie sich für die grüne „Ao Shiso". Die Pflanzen ähneln äußerlich ein bisschen der Brennnessel und wachsen schnell und kräftig 75 bis 95 Zentimeter hoch. Shiso steckt nicht nur voller Wuchskraft und hat bei uns kaum Probleme, als „japanischer Basilikum" spendet die Pflanze auch jede Menge warmen, kümmelartigen Duft. Verwendbar sind die jungen Sprossen, die fünf bis zehn Zentimeter großen Blätter und die jungen Blattspitzen. Die feingeschnittenen Blätter werden roh in Salaten, ganze Blätter in Pasta- und Käsegerichten und die großen Blätter zum Wickeln von Sushi verwendet. Die Pflanzen blühen spät im September und können in einem schönen Herbst noch Samen entwickeln.

Wer es würziger mag, kann es mit Wasserpfeffer probieren. *Polygonum hydropiper* wird am besten ab März direkt ausgesät. Das Keimen der Samen dauert ein paar Wochen, dann erscheinen die auffallenden, knallroten Sämlinge. Die Pflanzen lieben feuchten Boden und wachsen dann schnell auf 50 bis 70 Zentimeter Höhe heran. Im Spätsommer blühen sie mit schönen weißen Punkten an der Pflanzenspitze. Die jungen Sämlinge, die Pflanzenspitzen und die jungen Einzelblätter werden roh in Salaten und Speisen verwendet. Oder in Gerichten mitgekocht, die ein

Wasserpfeffer

Shungiku

bisschen zusätzliche Würze benötigen. Alle Teile der Pflanze haben einen würzigen Pfeffergeschmack, etwa zwischen Kresse und echtem Pfeffer.
Nicht alle Aromen sind so vertraut und zugänglich. Shungiku (*Chrysanthemum coronarium*) ist eine schnell wachsende Margerite. Die Pflanzen werden als Frühlingssalat angebaut, aber auch die ausgewachsenen Exemplare und die weißgelben Blütenblätter werden verzehrt. Das Aroma ist schwer zu beschreiben. Verwenden Sie aber auf jeden Fall junge Blätter und Stängel, dabei die Blätter im kühlen Frühling und Herbst. Einfach leicht blanchieren, mit kaltem Wasser abschrecken und für Salate, Suppen und Gemüsegerichte verwenden.

Die vier Jahreszeiten

Ab dem zeitigen Frühjahr wird im asiatischen Küchengarten kräftig gesät. Die meisten Kohl- und Radieschensorten vertragen kühlere Temperaturen gut. Spezielle Blattradieschen können ab März gesät und einen Monat später geerntet werden. Säen Sie die typisch asiatischen Kohl- und Senfsorten dichter als Pflück- oder Schnittsalat. Schützen Sie die Pflanzen bei unwirtlichem Wetter mit kleinen Tunneln und Vlies, um die erste Ernte zu garantieren.
Ab März werden die typischen, länglichen 'Ping Tung Long'-Auberginen, Peperoni und Tomaten im Haus vorgezogen. Viele Erbsen (vor allem die Zuckererbsen sind sehr beliebt), Frühlingszwiebelchen und Möhren können jetzt in den Boden. Eine häufig angewandte „Frühlingstechnik" ist das Bleichen des Schnittknoblauchs. Die jungen Pflanzen vor dem ersten Wuchs mit einem umgedrehten Blumentopf bedecken und die Triebe zur exklusiven Frühlingsernte geschützt vor Wind und Licht zu delikaten, weißgelben Sprossen heranwachsen lassen.

Die ersten warmen Sommertage werden genutzt, um mit den vielen typischen Kohlsorten zu starten. Viele dieser schnell wachsenden Pflanzen brauchen reichhaltigen organischen Dünger und milde Temperaturen, damit sie nicht schießen. Mit einigen Zentimetern Abstand aussäen und ausdünnen oder nach und nach ernten, sodass Sie eine feine, junge Ernte erzielen und die restlichen Pflanzen weiter zu kräftigen, schweren Exemplaren auswachsen.
Typisch für den asiatischen Küchengarten ist das Ernten in verschiedenen Stadien: junge, grüne Lauchzwiebeln, junger Lauch, Minikohl, junge Erbsenblätter ... Etwas ganz Besonderes sind Minimaiskolben und die jungen Früchte der langen Cucuzzi-Flaschenkürbisse.

Im Herbst steht eine überreiche Ernte an Auberginen, Tomaten und Peperoni an, ergänzt mit Möhren, Klettenwurzeln und Edamame. Flaschenkürbis, Salatgurke, Zucchini und die typisch japanischen Kürbisse wie 'Futsu Black' sorgen für Überfluss. Koriander ist extrem populär. Oft werden Blatt und Wurzel verwendet.

Im Winter liegt das Augenmerk auf winterharten Gemüsen wie einer Reihe Kohlsorten. Auch verschiedene Blattsenfvariationen können etwas Kälte gut vertragen. Nur bei strengem Frost oder Wind brauchen sie zusätzlichen Schutz mit Vliesgewebe. Das gilt auch für Winterradieschen, die durch kräftiges Anhäufeln für einen Teil des Winters erhalten bleiben. Keimsprossen im Haus sorgen für zusätzliches Grün, Aroma und Vitamine in der dunklen Jahreszeit.

Der Garten

Für einen fernöstlich inspirierten Küchengarten orientieren wir uns am Modell Yin und Yang. Es ist ein bisschen Arbeit, alles in die richtige Form zu bringen, wirkt aber schlussendlich sehr originell. Wege für die Erreichbarkeit und Ernte sind ausreichend vorhanden. Den viereckigen Rand haben wir durch zwei Meter hohe Bambusstöcke, die im Boden stecken, ausgebaut. An ihnen wachsen die kleinen Muskatkürbisse. Dazwischen stehen weißer japanischer Puffmais und farbiger Japonica-Mais. Umrankt wird alles durch Stangenbohnen. Diese transparente Umzäunung lässt schön gefiltertes Licht durch, gibt das Gefühl eines geschlossenen Gartens und bietet doch genug Durchlass für Licht und Sonne.

Popcornmais 'Japanese Hulless'

Der japanische Stil wird auch auf dem Teller mit Raffinesse präsentiert.

Shungiku
Schnitt-knoblauch x 4
6 x Roter Shiso
12 x Edamame-Soja
Blattsenf Mizuna – Radieschen – roter Pak Choi
Blattsenf Mizuna – Radieschen – roter Pak Choi
18 x Brokkoli Kai-lan
Shiso, grün
600CM x 600CM
Mais + Stangenbohnen + Erbsen
Wasserpfeffer
Kürbis

Ein italienischer Küchengarten

Natürlich ist allgemein bekannt, dass Italien ein Land ist, das jede Menge Inspiration für den Küchengarten liefert. Wer sehnt sich nicht nach einem Land voller Sonne, Aromen, herrlichen Kräutern, farbenfrohen Tomaten, leckeren Salaten ... Aber warum sollten wir uns nur nach dem italienischen Charme sehnen, warum nicht einfach ein Stückchen italienischen Flair in den Küchengarten einbeziehen? Mit etwas Sorgfalt und südlichem Touch erntet man auch im eigenen Garten ebensoviel Geschmack, Farbe und Aromen.

Die italienische Küche ist um einfachen, reinen Geschmack aufgebaut, frisch und natürlich mit vielen speziellen Aromen. Das heißt, dass wir das italienische Flair nicht nur in den Sommermonaten, sondern ab dem zeitigen Frühjahr probieren können. Die Italiener beherrschen vor allem die Kunst, Gemüse nicht zu groß werden zu lassen. Jung und vital schmeckt es am besten. Kohlrabi, Zucchini und Fenchel sind am Höhepunkt ihres Aromas, wenn die Pflanzen einen Durchmesser von fünf Zentimetern haben und gerade mit der Blüten- oder Knollenbildung beginnen. Ziel sind nicht große, auffallende Pflanzen. Setzen Sie sie recht eng zusammen, um dann nach und nach jung zu ernten und den restlichen Pflanzen so mehr Raum zu geben. Gemüse hat in jeder Wachstumsphase eine andere Struktur und unterschiedlichen Geschmack. Das ist die intensivste Methode der Gemüseaufzucht.

Rucola

Jetzt wenden wir uns der beliebten Rucola zu. Die Pflanze mit ihrem herrlich nussigen Aroma wird viel zu häufig als Sommergewächs eingestuft, während sie in Italien und auch bei uns eigentlich eine typische Frühlingskultur ist. Rucola (*Eruca sativa*) ist eng mit den Radieschen verwandt und möchte wie sie kühle Temperaturen und Feuchtigkeit zur Entwicklung ihres vollen Aromas. Ab März kann gesät werden und auch bei niedrigen Frühlingstemperaturen werden die jungen Sämlinge nach einigen Tagen erscheinen. Junge Pflanzen können in Reihen recht eng (ein Zentimeter in der Reihe) zu einer Art Pflück- oder Schnittsalat auswachsen. Der echte Italiener lässt den Pflanzen jedoch ausreichend Zeit zur Entwicklung und dünnt sie in der Reihe auf 10 bis 15 Zentimeter bei einem Reihenabstand von gut 30 Zentimetern aus. So erhalten die Pflanzen mehr Platz zur Entwicklung. Alles, was beim Ausdünnen herausgezogen wird, kann natürlich verzehrt werden. Die Pflanzen entwickeln sich bei großzügigem Abstand kräftig mit ihren typischen, dicken, saftigen Blättern. Nur bei ausreichend Feuchtigkeit und kühlen Temperaturen bilden sie das volle, nussige Aroma aus. Nicht die ganze Pflanze ernten, sondern die Blätter einzeln schneiden, sodass die Pflanze weiter wachsen kann. In der Sommermitte bilden die Pflanzen durch die höheren Temperaturen Blütenstängel und entwickeln cremefarbige Blüten. Die Blätter werden dann herb und etwas scharf, die Blüten jedoch sind perfekt und haben denselben nussigen und noch etwas süßeren Geschmack wie die Blätter. Nicht alle Blüten ernten, sondern die Samenbildung abwarten und den Pflanzen so die spontane Ausbreitung ermöglichen. So wird sich die Rucola problemlos und ohne Aufwand jedes Jahr im Garten verbreiten und als eine Art Saisonpflanze immer an irgendeiner Stelle wachsen oder blühen. Eine Küchengartentechnik, die im Land des Dolcefarniente oder süßen Nichtstuns oft angewendet wird und in krassem Gegensatz zu unseren netten, ordentlichen Küchengärten steht.

Herrlich duftendes, feinblättriges Basilikum

Oder versuchen Sie es mit den typischen Romano-Bohnen. Die kurzen, platten Bohnen können irgendwo in der großen Palette Schnitt- und Prinzessbohnen eingeordnet werden. Die zehn Zentimeter langen und ein Zentimeter breiten Romanos sind in Grün, Gelb und Violett erhältlich und wachsen als kompakte, niedrige Strauchbohnen so problemlos wie unsere vertrauten Prinzessbohnen. Sie werden im Ganzen oder in Stücken gekocht.

Das gilt nicht für die Aubergine. Die schöne, beeindruckende 'Rosa bianca' oder die große, runde 'Round Mauve' können bei uns unter Glas gezogen werden. Zum direkten Anbau im Boden gibt es kleine Sorten, die bei ausreichender Wärme, zusätzlicher Feuchtigkeit und viel Dünger auch bei uns wunderbar gedeihen. Übrigens wachsen alle Auberginen gut in einem großen Topf, ideal, um ihnen Zusatznahrung, Wärme und Wasser zu geben.

Ohne Knoblauch oder Basilikum ist ein italienischer Garten natürlich nicht perfekt. Knoblauch ist ganz problemlos, wenn Sie die Zehen dem Boden in nicht zu kalten Gegenden vor dem Winter anvertrauen. Knoblauchzehen im August und September mit fünf Zentimetern Abstand in den Boden stecken. Noch vor dem Winter erscheinen frische, grüne Stängel über dem Boden, um dann früh im Frühling schnell zu wachsen. Die Hälfte des jungen Frühlingslauchs durch Herausziehen der grünen Stängel ab April ernten und im Ganzen als Lauch verarbeiten. Verwenden Sie diese junge Knoblauchausgabe mit Blatt und Stängelgrün zur Zubereitung von reinem Knoblauchpesto. Lassen Sie die restlichen Pflanzen weiter wachsen, bis Sie im August die ausgewachsenen Zwiebeln ausgraben können.

Auch Basilikum ist pflegeleicht, wenn es richtig behandelt wird. Basilikum nicht zu früh säen, Ende April im Haus vorziehen ist früh genug. Die Jungpflanzen erst Ende Mai, Anfang Juni an einen sonnigen Platz in den Garten setzen. Noch besser: bis Anfang Juni warten und Basilikum direkt säen. Die Sämlinge auf drei bis vier Zentimetern in den Reihen ausdünnen, die Pflanzen regelmäßig düngen und gießen. Basilikum braucht zusätzliche Nahrung, um sich schnell, kräftig und voller Duft zu entwickeln. Nehmen Sie kompakte Strauchformen wie 'Spicy Globe', die schönen Sträucher mit zwei bis drei Zentimeter großen Blättchen wie eine Art Buchsbaumhecke bilden. Und wie Buchsbaum können die Pflanzen gut geschnitten oder gestutzt werden, um sie zu ernten. Sie werden immer gut nachwachsen

'Tromba d'Albenga', ein kletternder Schlangenkürbis

Spigarello ist eine lokale, italienische Brokkolivariante, die nicht wegen der klassischen Blütenknospen, sondern wegen der Blätter angebaut wird. Sie können sich für den Anbau als junges Schnittgemüse, für die etwas größeren Blätter als Kochgemüse oder dazu entscheiden, die Pflanzen zu einer Art Grünkohl mit großen, grauen Brokkoliblättern auswachsen zu lassen. Der echte Brokkoligeschmack ist immer garantiert. Lassen Sie die Pflanzen überwintern, bilden sie im Frühling schöne Blütenknospen, gefolgt von auffallenden, essbaren, weißen Blüten.

und über einen langen Zeitraum frische, dunkelgrüne Basilikumblätter als Basis für duftendes Pesto liefern.

Verleihen Sie Ihrem Garten mit den typisch gesprenkelte Borlotti-Bohnen, Palmkohl, der italienischen Variante unseres Grünkohls, oder mit Romanesco, dem originellen „Türmchenblumenkohl", eine ganz eigene, italienische Note.
Genießen Sie die exklusive Art des Anbaus und spezielle Sorten wie der Schlangenkürbis. Er ist einer der wenigen Kürbisse, die meterhoch und höher klettern und ranken können. Die witzigen, gebogenen Früchte haben eine kräftige Struktur und einen überzeugenden Geschmack, besser als alles, was hier zu finden ist.

Der Garten

Gestalten Sie den italienischen Garten ein bisschen ungewöhnlich und verspielt. Bei diesem Gartenentwurf dient uns die italienische Pizza als Inspiration für einen runden Garten. An der Außenseite liegt ein Beet mit Kräutern, Lauch, gemischtem Salat oder Saladini, an dem man mit einem Korb zum Pflücken entlang geht. Die ernsthaftere Arbeit wartet in der Mitte. Tomaten, Brokkoli, Bohnen, Palmkohl und einzelne, kletternde Schlangenkürbisse füllen das Zentrum. So komponieren Sie aus dem ganzen Garten die herrlichsten italienischen Speisen.

Italiener verstehen die Kunst, ganz normale Dinge in etwas Besonderes zu verwandeln. Die Rote Bete 'Tonda die chioggia' ist innen lustig gestreift, ideal für originellen Betesalat.

Saladini
Rucola
Erbsen
Brokkoli x 5
Rosmarin
Thymian + Salbei
Basilikum
+ Auberginen
Romano-Bohnen
Ackerbohnen
Fenchel + Möhren
Tomaten + Lauch
Palmkohl x 5
Peperoni +
Oregano
Zuckererbsen
Broccoletto
450 CM
x 900 CM
Borlotti-Bohnen
Schlangenkürbis 'Tromba'
Saladini

Ein Küchengarten nach Farben

Wie weit kann man im Spiel mit dem dekorativen Küchengarten gehen? Eigentlich gibt es keine Grenzen. Und warum sollte es auch Einschränkungen geben, wenn Sie Ihren Küchengarten etwas spielerisch, originell und farbenfroh gestalten? Was halten Sie von einem Küchengarten ganz nach Farben?
Essen ist, so merkwürdig es auch klingen mag, ein visuelles Ereignis. Das Auge isst mit. Erst nachdem wir gesehen haben, was auf den Teller kommt, riechen und probieren wir. Und sagt uns die erste Phase, das Anschauen, nicht zu, ist die Gefahr groß, dass wir den zweiten und dritten Schritt nicht oder zumindest mit Vorbehalten unternehmen. Dieselben Regeln gelten für den essbaren Garten. Sorgen Sie dafür, dass Ihr Küchengarten verführerisch aussieht. Ein geradliniger, langweiliger Küchengarten voller Reihen mit Grün und Beeten gleicher Pflanzen liefert sehr wohl eine schöne Menge Nahrung, eine Einladung zum Betrachten, Riechen, Probieren und eine Verführung ist er sicher nicht. Also gehen wir komplett nach Farben: Violett, Rot, Orange, Gelb, Grün und Blau. Das verlangt nach einer ordentlichen Portion spielerischer Kreativität und Mut. Sehen Sie daher alles nicht zu eng, sondern tauchen Sie in ein Farbabenteuer, wie Sie es bei einem Garten oder Küchengarten noch niemals erlebt haben.

Die Idee

Gemüse hat mehr Farben, als man denkt. Erstellen Sie bei der Planung dieses Regenbogengartens ein Schema, was Sie wo platzieren möchten. Wie bei jedem Küchengarten wird Ihr Garten nicht zu jeder Zeit voller Farben und schön gefüllt sein. Versuchen Sie also, die endgültigen Farben im Garten durch einige feste Farbelemente zu betonen. Verwenden Sie bunte Bambusstäbe, um Pflanzen aufzubinden

oder zu leiten. Gestalten Sie die Küchengartenbeete mit erhöhten Holzkanten (Hochbeet) und verleihen Sie diesen einen Grundton oder Basisfarbe. Spielen Sie mit Gemüse, Obst und Kräutern, gehen Sie auf Suche nach Farben in Blättern, Stängeln, Früchten, Blüten, Wurzeln, Zwiebeln und Zweigen. Und pflanzen Sie all diese Gemüse fröhlich-spielerisch durcheinander, sodass Sie einen bunten Regenbogen schaffen. So haben Sie garantiert ein farbenfrohes Angebot an Gemüse und verzehrbaren Pflanzen und können bunte, originelle Gerichte auf den Tisch bringen: „Heute essen wir violett".

Die Pflanzen

Ganz oben auf der Liste steht Mangold, eines der farbenfrohsten Gemüse, die man sich denken kann. Diese Pflanzen müssen mit ein paar Exemplaren über das ganze Jahr im Regenbogengarten vertreten sein, das geht glücklicherweise leicht. Sie zeigen in jeder Phase ausreichend Farbe, vom jungen Sämling bis zu dem Moment, in dem sie im zweiten Jahr blühen. Mangold kann ab März am besten direkt im Garten ausgesät werden. Während des Wachstums können die Pflanzen ausgedünnt und verarbeitet werden. So erhalten die restlichen Pflanzen mehr Platz für kräftigen Wuchs. Junge Sämlinge können auch ein Mal mit der nötigen Sorgfalt pikiert werden. Im kühlen Frühjahr und mit etwas zusätzlicher Feuchtigkeit klappt das gut. Schließlich möchte eine erwachsene Mangoldpflanze etwa 30 x 30 Zentimeter Bodenfläche für sich allein und kann je nach Bodenart 70 bis 90 Zentimeter hoch werden, mit farbigen Stängeln von 5 bis 15 Zentimetern Breite. Die Pflanzen überstehen übrigens die meisten Winter ohne große Probleme, um im nächsten Frühling wieder nachzuwachsen und im Frühsommer zur Bildung neuer, farbiger Blütenstängel überzugehen. Jeder Mangold kann daher 14 bis 15 Monate im Garten bleiben. Sie

Bunter Möhrenmix

haben die Wahl aus grünen, zartgelben, tiefgelben, orangen, roten, dunkelroten, zartrosa und fluoreszierend-rosa Sorten. Mischen Sie alle Farben oder pflanzen Sie getrennt oder zweifarbig – alles ist möglich!
Nicht nur Mangold, auch Rote Bete zeigt viel Farbe. Diese befindet sich dann hauptsächlich im Boden, wie jedoch oft bei Gemüse zeigt sich etwas Farbe auch an der Oberfläche. Die tiefroten Rüben tragen oft violettrote oder grün- und rotgeäderte Blätter, die in den Wintermonaten und im zeitigen Frühjahr im Garten auf jeden Fall ins Auge fallen. Gelbe, weiße und goldfarbene Rüben machen das Sortiment perfekt.
Sellerie ist nicht so spektakulär wie Mangold, sorgt jedoch über einen längeren Zeitraum für Farbe. Der normale grüne Sellerie, der auffallend rosa oder rote 'Red Venture' mit tiefvioletter Stängelfärbung und der bleiche, gelbe Sellerie tauchen den Garten in Farbe.
Nicht nur oberirdisch, auch unterirdisch wird mit Farben gearbeitet. Radieschen sind in Weiß, Rot, Gelb, Violett und Rosa erhältlich. Möhren verheißen Weiß, Gelb, Rot und Violett bei der Ernte und fast hätten wir die klassischen orangen Möhren vergessen. Es gibt schöne rosa, weiße und grüne Speiserüben. Für die spätere Saison können grüne, weiße, rosa und schwarze, große Winterrettiche ausgesucht werden.

Kaiserschoten zeigen Grün und Gelb, Erbsen sind in Grün und Violett erhältlich (Kapuzinererbsen). Die Blüten können weiß oder auffällig rosa sein. Bohnen präsentieren sich in drei Farben, außerdem gibt es originelle in Rosa. Feuerbohnen sind normalerweise grün, tragen aber langlebige Blüten in Weiß, Rot oder Rosa. Beim Zuckermais erscheinen blaue, gelbe, grüne und rote Kolben.
Violette Kartoffeln tragen auffallend dunkles Laub, außerdem gibt es schöne rote und gelbe Zwiebeln. Setzen Sie hellgelben und tiefroten Salat und roten Amaranth. Bei der problemlosen Gartenmelde besteht die Auswahl zwischen Grün, Zartgelb, Rot und Tiefviolett, während die Gemüse mit den auffälligsten Farben die Kohlsorten sind. Wenig andere Gemüse können die intensive Farbe von „normalem" Rotkohl übertreffen. Die originelle, violette Variante des Grünkohls ist ebenfalls beeindruckend. Kohlrabi wächst grün oder violett. Ein beliebtes Gemüse wie Brokkoli kann cremeweiße, grüne, violette, rötliche und blaue Knospen bilden und viele elegante Blattkohle sitzen randvoll mit Farbe. Alle Kohlsorten können für lange Zeit im Garten bleiben.

Fruchtgemüse stecken von Natur aus voller Farbe. Tomaten gibt es in Rot, Gelb, Grün, Orange und fast Schwarz. Es gibt Pflanzen mit grauen und gelblichen Blättern. Peperoni und Paprika stechen hier mit Rot, Orange, Gelb und Grün, aber auch Violett und Schokoladenbraun hervor. Auberginen bringen Weiß, Grün, Violett und fast Schwarz, auch die schönen, violetten Blüten sollte man nicht vergessen.
Bei Zucchini kann man Gelb, Grau oder Grün wählen. Und wer Platz für Kürbisse hat, arbeitet mit Orange, Grau und Grün. Zucchini und Kürbisse tragen herrlich gelbe Blüten. Bei Salatgurken kann man mit Grün, aber auch Weiß und Gelb rechnen.

Farbenfrohes Gemüse

Pflanze	Pflanzenteil	Farbe
Möhren	Wurzeln	weiß, gelb, rot, orange, violett
Radieschen	Wurzeln	weiß, gelb, rot, rosa, violett, grün
Mangold	Blattstängel	weiß, rot, gelb, orange, violett
Rote Bete	Knollen	weiß, gelb, orange, rot
Kartoffeln	Knollen	violett, rosa, braun
Zwiebeln	Knollen	weiß, gelb, rosa, violett
Tomaten	Früchte	rot, gelb, orange, grün, schwarz, cremeweiß
Peperoni	Früchte	rot, gelb, orange, cremeweiß, schwarz, violett
Auberginen	Früchte	weiß, violett, grün, orange
Kürbisse	Früchte	weiß, grün, grau, schwarz, braun, gelb, orange
Zucchini	Früchte	weiß, grün, gelb, grau, schwarz
Salatgurken	Früchte	weiß, grün, gelb, braun
Melonen	Früchte	weiß, gelb, grün, grau
Mais	Kolben	weiß, gelb, grün, blau, rosa
Erbsen	Schoten	grün, gelb, violett
Bohnen	Schoten	grün, gelb, violett, rosa, gestreift
Kohl	Blätter	grün, grau, violett, blau
Brokkoli	Blütenknospen	grün, cremeweiß, violett
Sellerie	Blätter/Stängel	grün, gelb, rosa
Melde	Blätter	grün, gelb, rot, violett
Salat	Blätter	grün, gelb, rot

Ein bisschen Obst gehört auch dazu, weiße oder gelbe und rote Wald-Erdbeeren, natürlich Blaubeeren und rote oder rosa Johannisbeeren. Mit roten, gelben oder grünen Stachelbeeren können Sie nach einem oder zwei Gartenjahren einen produktiven Strauch im Küchengarten züchten.

Auch Kräuter und essbare Blüten ergänzen die Farbpalette. Violettes Basilikum, Artischocken, Spargel und Große Kapuzinerkresse in Rahmgelb, Tiefgelb, Orange, Lachs, Kirsche, Rot und fast Schwarz können überall für zusätzliche Farbe sorgen.

Zuckererbsen 'Golden Sweet'

Tomaten nach Farben

Variationen in Mais

Der Garten

Mit einem umfangreichen Pflanzenangebot und einer strengen Einteilung in sechs Farben halten wir dieses Gartenkonzept recht simpel. Für einen Garten mit 6 x 2 Metern wählen wir sechs lange Abschnitte von je zwei Metern. Die Breite der Beete beträgt 65 Zentimeter, die der Wege 30 Zentimeter.

Boden gut von Unkraut befreien und den Garten mit Holzstäben und Kordel abstecken. Die Wege werden mit grauen, neutralen Betonplatten, 200 x 30 Zentimeter, befestigt. Die Platten sind schwer, liegen sie aber erst einmal, sind sie auch sehr stabil. Die Holzfächer können z. B. aus rohem Bauholz mit zehn Zentimetern Höhe und zwei Zentimetern Dicke gestaltet werden. Verwenden Sie zwei Meter lange Bretter und formen Sie Beete oder Kanten von 65 Zentimetern Breite. Die Bretter werden einfach mit stabilen, rostfreien Schrauben an den Ecken verbunden. Alles passt wie ein Puzzle zusammen. Lackieren Sie die Bretter mit umweltfreundlicher Farbe oder farbiger Holzbeize. Sie können zwischen klarer, leuchtender Farbe oder zarten, natürlichen, suggestiven Töne wählen. Holzrahmen innen und außen lackieren, sie werden so haltbarer und Sie können den Küchengarten jahrelang genießen.

Die Beete mit guter, humusreicher Gartenerde oder mit Kompost füllen und leicht einarbeiten. Ihr Garten ist so schnell mit unterschiedlichen Farben fertiggestellt, bereit, um gefüllt zu werden.

Teilen Sie die Fächer im Regenbogengarten in kleinere Abschnitte mit 30 x 60 Zentimetern Breite ein und sorgen Sie für kontinuierliche Farbe, Ernte und erneutes Bepflanzen. Einige Pflanzen werden dauerhaft im Garten bleiben, andere recht lange und wieder andere nur kurz. Ernten, schneiden, säen, pflanzen und verpflanzen Sie und genießen Sie die vielen Farben. Und mit jeder neuen Saison bringen Sie mehr Erfahrung und mehr Farbe in Ihren Garten ein.

Tomatenrot, Chiligelb und das Violett der Brokkoliknospen bringen viel Farbe in den Garten.

Grünkohl
Bohnen
Rote Bete
Mangold
Radieschen
Violett
Tomaten
Mangold
Radieschen
Salat
Erdbeeren
Rot
Aubergine
Große Kapuzinerkresse
Möhren
Mangold
Tomaten
Orange
Mais
Mangold
Bohnen
Salat
Erdbeeren
Gelb
Brokkoli
Mangold
Rüben
Salat
Radieschen
Grün
Blaubeeren
Rotkohl
Brokkoli
Meerkohl
Blau
225 CM
660CM
30 CM

Ein Küchengarten für Kinder

Ein Küchengarten für Kinder ist wohl eines der schönsten Geschenke, die man machen kann: ein eigenes Stückchen Erde, in dem Kinder selbst säen, pflanzen, buddeln, testen, riechen und ernten können. Ein Stück unserer Erde, für das sie allein die Verantwortung übernehmen. Eigentlich ist ein Garten für ein Kind fundamentaler Bestandteil der Erziehung. Für Kinder gibt es keine bessere Methode, um umfassende Sinneserfahrungen zu sammeln – der Duft der Erde, das Fühlen eines Blattes, die Struktur von Kompost, das Spiel mit Wasser und zu lernen, Pflanzen, Wachstum, Blüten zu beobachten. Sie erfahren das Gefühl der Ernte und des frischen Geschmacks der Wurzeln, Früchte, Blätter und Blüten. Sie lernen, was Geduld ist und erleben die Verbindung mit der Natur. Mit einem Garten machen Sie die Kinder mit Wetter, Jahreszeiten, aber auch Umwelt, dem Kreislaufgedanken und dem fundamentalen Wissen der Selbstversorgung vertraut. Also an die Arbeit! Einfach mit ein paar Quadratmetern Boden oder ein paar Töpfen beginnen. Im Kinderküchengarten geht es nicht um kiloweises Ernten oder Unmengen Gemüse, sondern um Spaß am Wachstumsprozess, um das Abenteuer, selbst Essbares anzubauen.

Die Pflanzen

Die Basis jedes Gartens bilden die Pflanzen. Und in einem Garten für Kinder ist es wichtig, mit Pflanzen in ihrem Maßstab zu arbeiten. Kindergartenpflanzen sind etwas kleiner, kompakter, wachsen schneller und können so auch schneller geerntet werden. Natürlich sind sie pflegeleicht und brauchen weder komplizierten Schnitt noch umständliche Pflege. Und wenn möglich, müssen sie auch über einen längeren Zeitraum Ernte liefern. Farbe, Geschmack und ein bisschen Überraschung sind natürlich auch wichtig.

Beginnen Sie einfach mit Radieschen. Deren Samen sind recht groß. Und mit etwas Begleitung und Geduld begreifen Kinder schnell, Samen für Samen mit einem Zentimeter Abstand in den Boden zu stecken. Nehmen Sie rote, weiße, violette oder rosa Radieschen und säen Sie eine Mischung aller Farben und langer, stumpfer, runder sowie ovaler Sorten durcheinander. Während sie wachsen, fällt das nicht sofort auf, aber bei der Ernte ein paar Wochen später holen Sie einen überraschend bunten Radieschenmix aus der Erde. Und plötzlich sind alle wild auf Radieschen!

Kresse ist nicht nur auf der Fensterbank pflegeleicht, auch im Garten wächst sie superschnell. Sie hat ein leckeres, würziges Aroma. Es gibt die doppelt gekräuselte, lustige 'Wrinkle Crinkle' für noch mehr Spaß im Garten. Senf und Rucola können ebenfalls so gezogen werden. Die Kinder dürfen dicht säen und schneiden nach 2 bis 3 Wochen mit der Schere knackig frisches Grün fürs Butterbrot.

Doppelt gekräuselte 'Wrinkel Crinkle'-Kresse

Rosa Radieschen 'Viola'

Salat 'Little Leprechaun'

Auch Salat verlangt wenig Geduld. Es gibt schnell wachsende Salatmischungen, die eine bunte Vielfalt an Blattformen und Farben liefern. Sie können Blatt für Blatt gepflückt oder als ganze Reihe geschnitten werden, die später nochmals nachwächst. Wenn Sie auch echten Kopfsalat ausprobieren möchten, nehmen Sie 'Tom Thumb'. Das sind Köpfe mit etwa 15 Zentimetern Durchmesser. Innerhalb kürzester Zeit ernten Sie so eigene Miniköpfe. Auch Eichblattsalat, Romana und Kraussalat gibt es in Miniausgaben, sodass auch 'Pompom', 'Little Gem' und 'Little Leprechaun' möglich sind.

Minierbsen bilden Erbsen an Pflanzen mit einer Höhe bis 20 Zentimetern, bei Reiserbohnen wachsen die Pflanzen nur 30 Zentimeter hoch. Beide ergeben eine bescheidene, aber sehr feine Ernte an kleinen Erbsen und allerfeinsten grünen Bohnen. Wer es mit Möhren probieren möchte, nimmt die feinen 'Little Fingers' oder runden Pariser Möhren. Minizuckermais bringt Pflanzen von etwa einem Meter Höhe hervor, für Kinderhände also noch erreichbar.

Minierbsen

Natürlich darf Fruchtgemüse nicht fehlen, das mit Blüten und Ernte am meisten anspricht. Nicht jeder hat Zeit, Platz und Geduld, alle Pflanzen zu säen oder zu ziehen. Vielleicht ist es praktisch, diese einfach in der Gärtnerei zu kaufen oder durch Eltern, Großeltern oder Nachbarn vorziehen zu lassen. Mitte Mai können Tomaten, Paprika, Salatgurken, Melonen und Zucchini ausgepflanzt werden. Nehmen Sie wieder kompakte Pflanzen mit kleinen Früchten. Minitomaten wie 'Tiny Tim' und 'Yellow Tom' in Rot und Gelb wachsen an kompakten, kräftigen, starken Pflanzen, die nicht weiter geköpft, gegeizt oder gestützt werden müssen. Die dunkelgrünen, kräftigen Sträucher bilden schnell Unmengen kleiner gelber Blüten, gefolgt von oft Dutzenden kleinen, süßen, roten und gelben Früchten. Ideal, um ab und zu über einen langen Zeitraum von so einer Pflanze zu naschen. Bei Paprika bietet 'Tribelli' die perfekte Kindergröße. Auch diese Pflanzen werden nicht höher als 20 bis 30 Zentimeter und sind voll mit drei bis fünf Zentimeter großen Minipaprika in Rot, Orange, Grün, Gelb oder Schokofarbe. 'Picolino' ist eine Minischlangengurke mit kompaktem Wuchs und kleinen Gurken, 'Orange Beauty' eine kompakte Minimelone, die weder Schnitt noch Pflege benötigt und pro Pflanze vier bis fünf Minimelonen bildet. Kinder sind mit einer Brokkolipflanze glücklich, die zeigt nämlich nach der Hauptblüte noch eine Reihe essbarer Seitenknospen. Andenbeeren sind die absoluten Renner im „Kindergarten". Die Pflanzen werden wie Tomaten gezogen und können Mitte Mai ausgepflanzt werden. Sie brauchen keine besondere Pflege, keinen Dünger, kennen keine Krankheiten oder Probleme und wachsen als halbhohe Sträucher aus. Ab August bilden sich Dutzende erst grüne, später strohgelbe Lampions mit süßen, gelborangen Beeren. Sie müssen nicht gepflückt werden, sie fallen ab, wenn sie reif sind. Bis zum Frost kann geerntet werden. Kinder finden es herrlich, solch besondere Früchte zu sammeln, die Lampions zu öffnen und die Beeren zu naschen.

Süße Andenbeeren

Zitronenverbene als Naschpflanze
und Zwergpetersilie 'Titan'

Wald-Erdbeeren tragen
viele Früchte

Fast genauso pflegeleicht und lustig sind die kleinen Wald-Erdbeeren. Die Stauden werden am besten gekauft, selbst aussäen dauert eine Weile. Auf 40 Zentimeter auseinander pflanzen und bald erscheinen kleine, weiße Blüten mit gelbem Zentrum, schnell gefolgt von kleinen roten oder besonders süßen gelben Früchten. Die Pflanzen bilden keine Ausläufer und bleiben so hübsch ordentlich in Form. Und sie bringen von Ende Mai bis Anfang Oktober Früchte hervor. Hunderte kleiner, süßer Früchte verteilt über den ganzen Sommer machen jede Pflanze täglich zu etwas, von dem im Kindergarten geerntet werden kann.

In einen Kinderküchengarten gehören natürlich auch Kräuter und Blumen. Duftende, kompakte Sträucher griechischen Basilikums, Minipetersilie ('Titan'), feiner Knoblauch, duftender Majoran, je ein Sträuchlein Thymian, Salbei und Rosmarin sind für die Kinder toll, um täglich damit in Berührung zu kommen, um Duft und Aroma kennenzulernen. Vielleicht möchten sie in ihrem Garten auch eine besondere Pflanze wie das Eiskraut mit tollen, leuchtenden vereisten Blättchen und salzig-saurem Geschmack oder Stevia mit unglaublicher Süße in den Blättern. Zitronenmelisse oder Zitronenverbene sind ein erfrischender Snack und Ampferblätter stecken voll mit lustiger Säure. So finden sie eine ganze Reihe ausgefallener Aromen in diesen grünen Blättern. Und es schenkt ihnen ein wunderbares Gefühl, wenn Sie die Kinder fragen, ob sie ein paar Kräuter aus dem Garten holen, um sie beim Abendessen zu servieren.

Suchen Sie auch die Blumen größenentsprechend aus. Sonnenblumen wie 'Zebulon' werden genau einen Meter hoch, es gibt Miniringelblumen und Minizinnien. Und ich kann mir keinen Garten für Kinder ohne Große Kapuzinerkresse vorstellen. Die Auswahl ist auf jeden Fall groß. Sie können aus kompakt wachsenden Sorten, kräftigen, halb hängenden Pflanzen oder meterlangen Kletterern wählen. Und all diese Formen sind in Rot, Gelb, Orange, Cremeweiß, fast Schwarz, Aprikose und Kirschrot erhältlich – nach Farben sortiert, in auffallenden Kombinationen oder bunt durcheinander verwendbar. Kinder finden es herrlich, an Blumen zu riechen oder die Ernte für den Salat zu sammeln.

... und noch etwas

Der Erfolg des Küchengartens für Kinder hängt vor allem von Begleitung und Loslassen ab. Es ist wichtig, den Kindern zu helfen, vor allem bei Aufbau und Vorbereitung des Gartens.

Sie können sie beim Säen begleiten (nicht zu dicht, nicht zu tief), beim Pflanzen (nicht zu dicht) und beim Gießen (Tomaten nicht zu viel). Natürlich erklären Sie sofort, was essbar ist und was nicht. Die Blüten und Blätter von Tomaten, Kartoffeln und Paprika sind nicht essbar; die Blätter von Salat und die Blüten der Großen Kapuzinerkresse dagegen sehr schmackhaft. Wählen Sie die richtigen Pflanzen für den Kinderküchengarten aus. Klassische, hohe Gewächshaustomaten oder Salatgurken werden kein positives Gärtnererlebnis liefern. Sorgen Sie für Pflanzen, die eine lange, verteilte, schmackhafte, sofort essbare Ernte liefern, sodass es täglich einen Grund gibt, den Garten zum Ernten und Probieren zu besuchen.

Wichtig ist aber auch, den Kindern zu einem bestimmten Zeitpunkt im Garten Freiraum zu gewähren. Es bleibt ein bisschen Abenteuer und keine schulische Anleitung. Vielleicht können sie zuschauen, wie Sie oder Oma es im Garten machen. Lassen Sie ihnen in jedem Fall ihren Lauf. Das wird eine Art Fallen und wieder Aufstehen. Aber genau dieser Lernprozess, selbst Aussuchen und schließlich selbst Ernten oder Probieren sind die wichtigsten Bestandteile eines Küchengartens für Kinder.

'Zebulon'-Sonnenblumen mit genau einem Meter Höhe und die „essbare" Große Kapuzinerkresse

Der Garten

Legen Sie einen Kinderküchengarten nach Maß an. Auf einem Stückchen mit vier Quadratmetern können Sie ein tolles Gärtchen anlegen. Und wenn Sie mehr Platz haben, sind 3 x 3 Meter perfekt für einen kompletten „Garten". Wie bei jedem Garten ist die grundlegende Vorbereitung wichtig und etwas, bei dem die Erwachsenen ein bisschen helfen müssen. Befreien Sie den Boden von Wurzelunkraut, sonst bekommen Sie später im Jahr Probleme und der Gartenspaß wird erheblich beeinträchtigt. Bringen Sie direkt bei der Vorbereitung etwas Kompost oder anderes humusreiches, organisches Material in den Boden ein, sodass später alle Aufmerksamkeit dem Garten und den Pflanzen gelten kann.

Wählen Sie einen schönen Sonnenplatz aus. Eine versteckte, dunkle Ecke im Garten ist nicht geeignet. Ein Kinderküchengarten kann perfekt mitten im Rasen angelegt werden: Sind die Kinder nach einigen Jahren aus dem Garten „herausgewachsen", kann alles entfernt und neues Gras gesät werden. Mitten in diesem grünen Bereich gibt es meist genug Licht. Für die Kinder ist es wichtig, dem Garten eine ganz eigene Form zu verleihen. Bringen Sie eine Art Umzäunung mit schönen Kastanienpfählen oder Schnittholz aus dem Garten an, um den Kindergarten abzugrenzen. Ein Garten braucht auf jeden Fall eine Pforte. Arbeiten Sie dreidimensional, sodass der Garten auch ein bisschen „Hausgefühl" erhält. Platzieren Sie Stäbe und hohe Pfähle (aus Bambus oder Schnittholz) in die Ecken. Diese vielleicht verbinden, sodass die Kinder wirklich das Gefühl eines Bauwerks haben, eines eigenen Gartens, in dem sie auch sitzen können. Ein Weg in der Mitte und Pflanzbeete links und rechts machen das Ganze komplett – klar zum Start. Kinder lieben auch Gartengeräte entsprechend ihrer Größe. Kaufen Sie eine praktische (Plastik-)Schaufel und Harke, ein Eimerchen und eine Gießkanne, Schnüre und Namensschilder, am besten farbenfroh und auffallend.

30 x 30 CM
Stangenbohnen
Salat Little Leprechaun
Minibrokkoli
Bunte Radieschen
Minierbsen
14 x Erdbeere Red Wonder
14 x Erdbeere Yellow Wonder
Minisalatgurken
Minitomaten
Kresse
Reiserbohnen
1 x Zucchini
300 x 300 CM
4 x Andenbeere

Ein südamerikanischer Küchengarten

Mittel- und Südamerika, das Gebiet der Maya, Inka und Azteken, scheinen beim Thema Küchengarten in wirklich weiter Ferne zu liegen. Die Entfernung schwindet jedoch, wenn man weiß, dass Übliches wie Tomaten, Kartoffeln, Paprika, Mais und Bohnen genau aus dieser Region stammen. Die Entdeckung der „Neuen Welt" hat unsere tägliche Ernährung und unsere Küchengärten beeinflusst. Nicht nur wegen einiger beeindruckender, wichtiger Grundnahrungspflanzen, sondern vor allem auch wegen des viel größeren, interessanten Angebots an weniger bekannten, aber gut anbaubaren Kulturen. Sie warten noch auf Entdeckung oder breites Interesse. Gerade diese Region bietet Abenteuer und Inspiration für den Küchengarten.
Die amerikanischen Indianer lebten in besonderer Harmonie mit ihrem weitläufigen Erdteil. Nahrung war ein Geschenk der Götter, Mais heilig und ihre Esskultur von vielen Legenden und Geschichten durchdrungen. Zu den schönsten zählt die Legende der Drei Schwestern. Die Geschichte der „großen, langen Schwester" (Mais), der „kleinen dicken Schwester" (Kürbis) und der „schlanken, ranken Schwester" (Bohne) und die Art, in der diese drei in Harmonie miteinander aufwachsen und abwechslungsreiche Nahrung bieten, ist eines der schönsten Beispiele für eine Mischkultur. In der Praxis werden erst die Maiskörner in den Boden gesät, um sie herum die Bohnen, wenn der Mais 20 Zentimeter hoch steht.Zwischen die verschiedenene Maisgruppen werden rankende Kürbisse gepflanzt. Der Mais dient als Stütze für die kletternden Bohnen, die Bohnen bilden Stickstoff im Boden für den Mais und die Kürbisse mit ihren großen Blättern und rankendem Wuchs halten den Boden zwischen den Pflanzen bedeckt und schützen ihn vor Sonne und Unkrautwuchs. Auch im eigenen Küchengarten kann diese praktische, vorteilhafte Pflanzkombination umgesetzt werden.

Knollige Kapuzinerkresse ist eine auffälliges, würziges Gemüse, ganz besonders in dieser Farbkombination.

Buschtomaten

Name	Farbe	Ernte	Eigenschaften
Ida Gold	orange	Juli	besonders früh
Taxi	gelb	Juli – August	süß
Washington	rot	Juli	besonders früh
Tiny Tim	rot	Juli – August	kompakte Kirschtomate
Yellow Tom	gelb	Juli – August	kompakte, gelbe Kirschtomate
Micro-Tom	rot	Juni	Super-Mini-Pflanzen
Tigerette	orange-gelb	August	kompakte, gelbgrüne Pflanzen
Fuzzy Wuzzy	orange-gestreift	Juli	niedrige Pflanzen
Glacier	rot	Juli – August	ertragreiche Strauchtomate, süß
42 Days	rot	Juli	kompakte Pflanzen
Sibirische Frühreife	rot	Juli	große Früchte
Lime Green Salad	grün	August	kompakte Pflanzen
Orange King	orange	August	große Früchte
Varenblad	rot	Juli – August	saftige Früchte

Kartoffeln und Tomaten

Kartoffeln und Tomaten sind die beiden wichtigsten Pflanzen, die wir aus dieser Region übernommen haben. Beide haben sich sehr gut an unsere Wachstumsbedingungen angepasst, brauchen jedoch besondere Aufmerksamkeit, um problemlos zu wachsen. Kartoffeln werden ab April gesetzt. Junge, kleine Knollen werden alle 50 Zentimeter zehn Zentimeter tief in den Boden gepflanzt. Die Pflanzen erscheinen Anfang bis Mitte Mai und müssen regelmäßig angehäufelt werden, damit die Knollen, die sich am Fuß der Pflanze entwickeln, vor Licht geschützt sind. Lang anhaltende Regenperioden machen Kartoffeln anfällig für Krankheiten. Nehmen Sie deshalb kräftige, krankheitsfreie Sorten – es bleibt natürlich verführerisch, die originellen violetten und rosa Kartoffeln auszuprobieren. Entscheiden Sie sich auch einmal für die länglichen, deftigen, festkochenden 'La Ratte'.

Tomate Zapotec

Sweet Cayenne

Auch Tomaten wachsen direkt im Boden nicht immer problemlos. Lange Regenperioden im Sommer sind ein echtes Problem. Bei Tomaten immer eine Möglichkeit bereithalten, sie zeitweise vor Regen zu schützen und trocken zu halten. Nehmen Sie zum Anbau im Freien die einfachen Strauchformen, die nicht ausgegeizt werden müssen und die ohne Stütze zu niedrigen, breiten Sträuchern wachsen. Tomaten lieben allerdings eine Mulchschicht aus Stroh oder dergleichen. Auch bei Tomaten findet man exotische Farben wie Zartgrün (besonders süß), Orange (schön fruchtig) oder Sonnengelb.

Paprika und Peperoni

Auch Paprika und Peperoni sind wichtige Basisgemüse. Die Früchte gibt es süß, würzig und scharf in tausenden Variationen. Für unsere mitteleuropäischen Wachstumsbedingungen arbeiten wir am besten mit frühen Selektionen blockförmiger oder spitzer Sorten, die im Hochsommer reiche und vor allem ausgereifte Ernte liefern. Im Gegensatz zu Tomaten können Paprika auch unreif (grün) gepflückt und gegessen werden. Bei den würzigen, scharfen Peperoni ist die Auswahl noch größer. Nehmen Sie auch hier Sorten, die an unser Klima angepasst sind, um eine gute Ernte einzubringen.

Bohnen und Mais

Bohnen und Mais liefern ein überwältigendes Angebot. Neben klassischen grünen Bohnen sind vor allem die großen, reich blühenden Feuerbohnen oder Spanischen Bohnen sehr beliebt. Die Pflanzen blühen üppig, tragen reich, auch in weniger warmen Sommern, und schmecken überwältigend. Die Ernte erfolgt, wenn die Hülsen ganz dick geschwollen sind und gerade, bevor sie sich gelb verfärben. Die dicken weißen, violetten oder schwarzen Bohnen werden enthülst, zehn Minuten gekocht und in Sauce serviert. Beim Mais gibt es neben dem uns vertrauten Zuckermais auch Maissorten mit weniger süßem Geschmack, Sorten für Popcorn oder andere Anwendungsbereiche. Maiskolben erscheinen in Rot, Orange, Grün, Violett und bunt gemischt. Die meisten Farben treten erst bei Ende der Reifezeit in Erscheinung. Frischer, süßer Mais wird unreif im „Milchstadium" gegessen. Mais für Maismehl oder Popcorn können Sie für den Winter am Kolben trocknen lassen.

Feuerbohnen mit weißen Samen

Knollige Kapuzinerkresse oder Mashua

Zur Anlage eines ganz besonderen Gartens brauchen Sie natürlich typische Pflanzen, beispielsweise Knollige Kapuzinerkresse (*Tropaeolum tuberosum*) oder Mashua. Die Pflanzen sind mit unserer vertrauten, einjährigen Großen Kapuzinerkresse eng verwandt. Wie bei Kartoffeln beginnt die Kultur mit Pflanzgut: kleine Knollen, die ab April direkt gepflanzt werden. Sie können alles etwas beschleunigen, indem Sie die Knollen im März in Töpfe pflanzen und im Mai dann als junge Kletterpflanzen in den Garten setzen. Die Pflanzen brauchen einen Abstand von ungefähr einem Meter. Bringen Sie ein paar Stützstäbe an, da sie leicht drei bis vier Meter hoch werden. Die Pflanzen bilden auffällige, dunkle, sternförmig gelappte Blätter, die wunderbar essbar sind. Wie bei der Großen Kapuzinerkresse haben sie einen würzigen Kresse- oder Radieschengeschmack, jedoch mit einem süßeren Beigeschmack nach Kerbel. Mit etwas Glück und einem guten Sommer erhalten Sie Ende Oktober auch noch eine reiche orangerote Blüte. Erst im Oktober und November entwickeln sich die unterirdischen Knollen. Wie bei Kartoffeln können sie ein paarmal angehäufelt werden, um sie schön gebleicht zu halten. Holen Sie die Knollen nach dem ersten leichten Nachtfrost aus der Erde und lagern Sie sie kühl und trocken für den Winter. Die skurril geformten Knollen werden roh oder gekocht verzehrt. Für Salate in dünne Scheiben schneiden oder wie Kartoffeln separat oder zu anderen Gerichten kochen. Vor allem roh haben sie ein ausgesprochen würziges Aroma, auch herrlich als Brotbelag. Einzelne Knollen werden überwintert, um in der nächsten Saison neu starten zu können. Mashua stellt wenig Anforderungen an den Boden, wächst in voller Sonne oder Halbschatten, kennt keine Krankheiten und bringt eine sehr große Ernte. Eine Knolle kann in einer Saison um fünfzig neue liefern.

Oka oder Knolliger Sauerklee (*Oxalis tuberosa*) verhält sich ganz ähnlich. Die Blätter der Pflanzen haben einen frisch-sauren Geschmack und erinnern auch von der Form her an Ampfer oder Klee. Sie sind gleichermaßen schön wie schmackhaft. Die Pflanzen wachsen als eine Art Kriechpflanze etwa einen Quadratmeter in die Breite. Wie Knollige Kapuzinerkresse bilden sie erst

Oka

Die amerikanischen Indianer sorgten beim Mais für echten Sortenüberfluss. Neben den klassischen, uns vertrauten, tiefgelben Kolben gibt es auch fast weiße, tiefgrüne, rote, blaue, schwarze und bunte Sorten. Außerdem besteht Auswahl aus jungem, süßem Zuckermais, Popcornmais und Mais, der getrocknet zu Maismehl gemahlen wird. Die kleinsten Maispflanzen erreichen eine Höhe von 75 Zentimetern, die größten bis zu drei Metern.

Liste Maissorten

Name	Farbe	Typ	Höhe
Orchard Baby	gelb	Zucker	50 cm
Jade Blue	blau	Zucker	75 cm
Stowell's Evergreen	weiß	Zucker	200 cm
Oaxacan Green Dent	grün	herzhaft, Mehl	200 cm
Rainbow Inca	bunt	herzhaft, Mehl	200 cm
Anasazi	rot	Mehl	200 cm
Tom Thumb	gelb	Popcorn	120 cm
Japanese Hulless	weiß	Popcorn	180 cm
Sweet True Gold	gelb	Zucker	180 cm

Der Garten

Zur Anlage eines amerikanischen oder Indianerküchengartens verwenden wir eine angepasste Vorlage. Die originelle Zickzack-Einteilung macht alles gut erreichbar, während viereckige Trittsteine Struktur und Einteilung bestimmen. Dieser Garten braucht viel Sonne, ist aber gut beständig bei Wind und offenem Gelände. Die kletternde Knollige Kapuzinerkresse und die Maistypen bilden das Zentrum. Das verleiht allem bisschen von einem Indianerdorf voller Wigwams.

12 x Mais + Bohnen
Koriander + Bolivianischer Koriander + Epazote
12 x Mais + Bohnen
Gewürztagetes
Yacón
Yacón
Amaranth
12 x Kartoffeln
12 x Strauchtomaten
Quinoa
12 x Peperoni
Melde
Oka
Mashua
Oka
Mais + Bohnen
Zitronenverbene + Stevia + Aztekisches Süßkraut
Mais + Bohnen
900CM x 600CM

Ein Obstkäfig/ Beerengarten

Jeder träumt von einem Garten voller Beeren. Solitäre Beerensträucher oder komplette Beerenhecken können überall im Garten gepflanzt werden. Schön, wenn es überall ein bisschen zum Pflücken und Naschen gibt. Leider sind wir nicht die einzigen Liebhaber dieser kleinen, süßen Früchte. Vögel teilen unsere Leidenschaft. Natürlich können Sie jede einzelne Pflanze vor der Ernte mit einem Vogelnetz abdecken und über den Sommer verteidigen, meist stellt man jedoch fest, dass dieser Plan nicht funktioniert. Dann wählt man oft eine recht radikale, aber zu hundert Prozent effektive Lösung – den Obstkäfig.
Das Prinzip ist ganz einfach: alle Beerensträucher, die Vögel anziehen, in einem Gartenbereich dicht zusammen pflanzen, darüber eine solide Konstruktion bauen und mit einem Vogelnetz abdecken. So ein Obstgärtchen bekommt auch eine echte „Tür“. Es sollte Platz genug zum Durchgehen vorhanden sein und auch die Sträucher sollten für Ernte und Pflege gut erreichbar sein. Durch die Zusammenstellung möglichst vieler Sorten und das Leiten der Pflanzen in Heckenform kann der Raum optimal genutzt werden.

Anlage

Die Anlage des Obstkäfigs beginnt mit der guten Bodenvorbereitung. Wurzelunterkräuter entfernen, Boden gut lockern und Basisdünger und/oder Kompost einarbeiten. Falls nötig, Humus, groben Sand oder Lehm zur Bodenverbesserung einarbeiten. Weil wir vor allem mit Beeren arbeiten möchten, dürfen Humus, Laubkompost, vermodertes Stroh oder leicht vermoderte Holzspäne ruhig in einer 10 Zentimeter dicken Schicht ausgelegt werden.

Die Konstruktion für das Netz kann mit allen möglichen Materialien ausgeführt werden. Holz ist preiswert und einfach zu bearbeiten, jedoch nicht haltbar und oft klobig und auffällig. Nehmen Sie dünne Pfähle (z. B. Kastanienholz von fünf bis sieben Zentimetern) und behandeln Sie den Teil, der in den Boden kommt, bis zehn Zentimeter oberhalb der Erde mit einem natürlichen Holzschutzmittel. Die Pfähle im korrekten Abstand aufstellen und oben mit soliden Bambusstöcken mit 2,40 Metern Länge verbinden. Löcher in den Bambus bohren und mit rostfreien Schrauben oben an den Pfählen befestigen. An den Seiten werden die Netze mit kräftigen Bambusstäben befestigt, die am Boden liegen und an den Pfählen verankert werden. Diese Konstruktion wirkt sehr natürlich. Die Materialien können mit den gleichen verbunden werden, mit denen man auch die Obsthecke aufbindet. Alles erhält nach einigen Monaten eine natürliche Vergrauung, die im Garten kaum stört. Berücksichtigen Sie, dass eine solchen Holzkonstruktion nach zehn bis zwölf Jahren ausgetauscht werden muss.
Metallrohre sind nicht so dick, der Bau eines soliden Käfigs ist mit ihnen jedoch schwieriger. Im Handel sind fabrikfertige Pakete mit Stahlrohren und Verbindungsstücken erhältlich. Nehmen Sie auf jeden Fall eine dünne, leichte Konstruktion in Dunkelgrün oder Schwarz, die im Garten nicht auffällt. Metall ist solide genug, um ein Leben lang zu halten.
Ein schöner Fruchtkäfig muss im Garten eigentlich unsichtbar sein. Ein schwarzes Vogelnetz fällt am wenigsten auf. Auch hier besteht Auswahl zwischen teuer und langlebig und preiswert mit der Aussicht, dass es nach ein bis drei Jahren ersetzt werden muss.

Die Pflanzen

Legen Sie den Beerenkäfig großzügig genug an, um eine schöne, vielseitige Kombination aus Früchten zu versammeln. Ein Käfig mit 4,80 Metern Breite und 7,20 Metern Länge hat das richtige Maß. Hier können bequem drei Hecken mit Früchten gepflanzt werden, etwa 13 Meter Obst mit zwei Metern Höhe. Pfähle anbringen und Drähte spannen. Die Drähte 50 Zentimeter über der Oberfläche anbringen und 30 Zentimeter höher einen weiteren Draht, sodass insgesamt sechs Drähte vorhanden sind. So können alle unterschiedlichen Beerensträucher gut befestigt werden.

Treffen Sie jetzt die Auswahl aus dem Beerenangebot. Intensive Bepflanzung erreichen Sie durch Leiten der Pflanzen in Heckenform. Johannis- und Stachelbeeren benötigen 75 Zentimeter Breite und werden mit drei Haupttrieben angebunden. Brombeeren und Brombeerartige brauchen etwa zwei Meter pro Pflanze. Himbeeren können im Abstand von 25 Zentimetern gepflanzt werden. Trauben benötigen zwei Meter pro Pflanze. Nicht alle Beeren können geleitet werden. Blaubeeren und Schwarze Johannisbeeren wachsen mehr in die Breite. Diese werden am besten in die Mitte des Käfigs gepflanzt, so dass sie mehr Raum haben. Durch das Spiel mit frühen und späten Sorten kann im Obstkäfig von Ende Mai bis Anfang Oktober geerntet werden.

Um die Nutzung des Obstkäfigs noch zu intensivieren, können am Fuß der Beerensträucher Erdbeeren gepflanzt werden. Nehmen Sie dazu frühe, immertragende, späte und mehrfachtragende Sorten, um eine große Auswahl zarter Früchte genießen zu können.

4 x Erdbeeren
4 x Erdbeeren
4 x Erdbeeren
4 x Erdbeeren
2 x Stachelbeeren
1 x Brombeeren
Johannisbeeren rosé
2 x schwarze Johannisbeeren
12 x Himbeeren
Blaubeeren 2 x
2 x Johannisbeeren weiß
1 x Brombeeren
Johannisbeeren rot 2 x
480 CM X 720 CM

Ein Küchengarten für Salate

Immer mehr Menschen entscheiden sich für die Anlage eines Küchengartens, weil ihnen ihre Ernährung wichtig ist. Wer sich dann rein auf den Geschmack ausrichten will, landet schnell bei Gemüsearten für köstliche, frische Salate. Pur, frisch und ungespritzt stehen sie für eine große Gruppe von Küchengarten-Liebhabern an erster Stelle. Dann werden nicht Massen von Knollen und Berge von Lauch angestrebt, sondern Blattgemüse, einzigartige, knackig-frische Böhnchen und saftige, süße Zuckerschoten. Genau die Pflanzen und Hülsenfrüchte, die frisch aus dem Garten um Längen besser schmecken, die mit knackiger Konsistenz am leckersten sind. Produkte, die man im Laden um die Ecke nicht findet, da sie schlecht haltbar sind und ihren Geschmack größtenteils schon wenige Stunden nach der Ernte verloren haben. Erklärtes Ziel ist daher ein Küchengarten, der den Geschmack trifft.

So ein Küchengarten für Salate sollte auf jeden Fall nicht aus großen Pflanzflächen bestehen, sondern im Vergleich zu anderen Beispielen im Buch aus kleinsten Flächen. Es ist manchmal erstaunlich, wie viel man auf einem kleinen Stück Erde von knapp 50 x 50 cm Fläche ernten kann. Einfach beeindruckend, wie viele Pflanzen dort wachsen, sich gut entwickeln und vom Sämling bis hin zur erwachsenen Pflanze ganz unterschiedliche Ernteresultate liefern. Für diese Art von Küchengarten muss alles gut erreichbar, problemlos zu pflücken und schnell zu schneiden sein. Sinn der Sache ist schließlich, dass man kurz vor dem Essen in den Garten huschen kann, um bunte und abwechslungsreiche Salatzutaten zu pflücken.

Blattsalat

Blattsalat und Blattgemüse sind natürlich die Hauptgruppe im Salatgarten. Besonders praktisch beim Blattgemüse ist, dass man es in allen möglichen Wachstumsphasen ernten kann. Auch 5 Zentimeter hohe Sämlinge sind essbar und bei zu dichter Aussaat können die ausgezupften Exemplare schnurstracks in die Küche wandern. Sie müssen nicht jedes Mal ausharren, bis der klassische Salatkopf sein Erwachsenenalter erreicht hat. Sie können den Salat auch problemlos als Miniköpfchen, in mittlerer Größe oder als fast ausgewachsenes Exemplar ernten. Lassen Sie sich verführen, Salatsorten gemischt zu säen. Mit dieser Methode können Sie nämlich in einer Reihe die unterschiedlichen Wachstumsphasen abschneiden, pflücken und ernten. Weiterer Vorteil: Sie verschaffen jeder Pflanze wieder mehr Raum für ihre Entwicklung. So entdecken Sie plötzlich eine enorme Vielfalt an Salatsorten. Die klassischste Salatsorte ist der zarte Buttersalat mit seinen leicht gewellten Blättern, die schön übereinander liegend einen zarten Kopf mit einem etwas hellerem Herz im Innern bilden. Aber es kommt natürlich auch der knackigere Eisbergsalat in Frage. Dessen dicke, fleischige Blätter sind voller Saft und köstlich knackig. Für Menschen, die eine etwas festere Konsistenz bevorzugen, ist der Romana-Salat oder Bindesalat optimal. Die Köpfe sind robust und eher länglich als rund. Er verträgt Sommerhitze und ist sogar kälteverträglich. Salat muss auch nicht immer einen geschlossenen Kopf ausbilden. Eichblattsalat entwickelt eine offene Blattrosette, die Licht und Luft

ins Innere lässt, wodurch man mehr Geschmack, etwas mehr Struktur und auch mehr Vitamine erhält. Bataviasalat präsentiert sich in einer halbrunden, offenen Form in Kombination mit gekräuselten Blättern, was oft zur Bildung von spektakulären Salatköpfen führt, die man so nicht häufig sieht.
Zur Auswahl stehen außerdem grüne, wachsgelbe, tiefrote und sogar braun gepunktete und zwei- oder dreifarbige Blätter sowie lange, runde, gekräuselte und spitze Blattformen. Es wird einem daher ein Sortiment geboten, an dem man ein ganzes Jahr lang Freude hat. Es gibt nämlich für alle Jahreszeiten geeignete Salate.

Eiskraut

Neuseeländer Spinat

Eiskraut und Neuseeländer Spinat

Die Abteilung Salate und Blattgemüse hat natürlich mehr zu bieten. Eiskraut zum Beispiel. *Mesembryanthemum cristallinum* beeindruckt nicht nur mit seinem lateinischen Namen, sondern auch mit seiner imposanten Struktur und dem Kristallfunkeln auf seinen Blättern bzw. auf der gesamten Pflanze. Die Pflanze wirkt wie mit Tausenden von Tautropfen oder Eiskristallen überzogen. Die Aussaat erfolgt am besten im April in Vorkultur im Haus. Die winzigen Samen streut man einfach auf die Aussaaterde und hält sie dann 1 Woche lang feucht. Die kleinen Sämlinge sprießen recht schnell, und sind bald groß genug, um sie in kleinen Töpfen zu vereinzeln oder vorsichtig im Garten auszupflanzen. Dort wachsen sie schön schnell und flach auf dem Boden, bis sie schließlich eine Fläche von ca. 0,50–0,75 m² bedecken. Wenn Sie die jungen, saftigen Triebspitzen ernten, fördern Sie damit die Verzweigung der Pflanze. Dann können Sie wöchentlich Triebspitzen ernten und das Wachstum der Pflanzen stimulieren. Die originellen, saftigen Blätter sind nicht nur ein Augen- und Gaumenschmaus, sondern punkten auch mit ihrem besonderen salzigen Geschmack.

Da der Neuseeländer Spinat ähnlich wächst, können wir bei ihm genauso verfahren. Auch hier braucht man nur eine einzige Pflanze für eine kontinuierliche Ernte im Sommer. Praktischerweise sind es große, dicke Samen, die man im Haus aussät und die Sämlinge dann Mitte bis Ende Mai ins Beet auspflanzt. Schneiden Sie regelmäßig die Triebspitzen ab, wenn Sie fleischige Blätter mit mildem Spinatgeschmack ernten möchten.

Essbare Blüten

Man kann jeden Salat mit zusätzlichen Farbakzenten aufwerten. Besonders originell und appetitlich ist ein Salat mit Blüten. Die Kapuzinerkresse sorgt für den größten Knalleffekt. Sie bietet viele Möglichkeiten mit ihrer ansprechenden Farbpalette, kompakt wachsenden Sorten, kurzen oder meterlangen Ranken. Diese Farben schmücken den Salat: Cremeweiß, fast Schwarz, Blassrosa, Dottergelb, Apricot oder Kirschrot und klassisches Orange und Knallrot. Blüten, Blätter und Samen sind verwendbar.

Pflücken Sie die blauen und weißen Blüten des Borretschs (Gurkenkraut), ernten Sie Thymian-, Salbei- und Basilikumblüten und fügen dann die Knallfarbe der Zitronentagetes hinzu. Zupfen Sie die Blütenblätter der Ringelblume in den Salat oder verzieren Sie ihn mit Holunder- oder Rosenblüten, damit zusätzlich zur Farbe noch Duft und Geschmack ins Essen kommen.

Portulak

Gartenkresse, Postelein und Spinat

Gartenkresse kann nicht nur im Winter auf der Fensterbank, sondern das ganze Jahr über im Garten gezogen werden. Schon eine Woche nach der Aussaat zeigt sie ihre jungen Blättchen, die nach einer weiteren Woche geerntet werden können. Man hat die Wahl zwischen normaler Gartenkresse, breitblättrigen und gekräuselten Varianten.

Portulak ist auch so ein Raser. Direktsaat ist ab Juni möglich. Die Pflanzen mit den saftigen Stängeln und Blättern gibt es in grünen und zartgelben Tönen. Sie sollten einfach roh zubereitet werden, da Hitzeeinwirkung die knackige Konsistenz zerstört.

Nährwerte und der besondere Geschmack bleiben beim Spinat als Rohkost erhalten. Der große Blattspinat kann bis zu 50 cm breit werden (Sommer- und Wintervariante). Oder probieren Sie einmal die kleineren Blätter von 'Monnopa' aus, eine spezielle Selektion mit niedrigerem Oxalsäuregehalt, die daher roh bekömmlicher ist.

Gartenmelde

Die Gartenmelde ist die Nummer 1 unter den einfachen Gartenpflanzen. Unabhängig davon, wann Sie säen: Die Samen warten mit ihrer Keimung geduldig auf den Vorfrühling oder auf geeignete Temperaturen. Die Jungpflanzen wachsen schnell und bei einem Abstand von 20 cm untereinander, entwickeln sie sich zu schönen, robusten Pflanzen, die mit Leichtigkeit einen Meter hoch werden. Die zarten, saftigen Blätter passen bestens in den Salat und es gibt sie Zartgelb, Graugrün, Rosarot und Dunkelviolett. Die Pflanzen werden in den warmen Sommermonaten schnell blühen und sich reichlich aussäen. Die einfachste Methode für einen ausreichenden Vorrat dieser auffälligen Gemüsesorte in der nächsten Saison. Ab Ende Februar/Anfang März tauchen überall Hunderte von Sämlingen auf. Jäten? Nein! Lieber pflücken und als zarte Salatblätter verzehren. Denn die jungen Sämlinge sind nicht nur köstlich, sondern auch reich an Vitaminen. Daher können Sie überall, wo Sie nicht erwünscht sind, einfach für die Küche „gejätet" werden. Gut positionierte Exemplare dürfen für eine Sommerernte weiterwachsen. Und ein paar Pflanzen sollten Sie ruhig eine spontane Aussaat erlauben. Gemüse ziehen war noch nie so einfach!

Gartenmelde

Winterpostelein

Zuckerschoten

Spinat

Am besten frisch …

Wählen Sie für Ihren Salatgarten Gemüsesorten, die frisch am besten schmecken. Schon wenige Minuten nach der Ernte wird beim Zuckermais ein Großteil des natürlichen Zuckers in Stärke umgewandelt und führt zu Geschmackseinbußen. Zuckermais wird einfach Ende Mai direkt im Freiland ausgesät. Legen Sie zwei Körner in jedes Pflanzloch, das wiederum jeweils 50 x 30 cm Abstand zu den anderen Pflanzlöchern aufweist. Schwächere Pflanzen später ausdünnen, damit sich die stärkeren optimal entwickeln können. Säen Sie mindestens zwei Reihen oder im Quadrat, damit die Pollen der männlichen Blüten (Rispen) die weiblichen Blüten an der Kolbenspitze gut erreichen können. Zuckermais erntet man im Stadium der sogenannten Milchreife: Wenn sich an jungen, noch bleichen Kolben die Fäden oben braun färben, drückt man vorsichtig mit einem Fingernagel auf ein Maiskorn. Tritt milchige Flüssigkeit aus, ist der Kolben erntereif. 5–10 Minuten kochen und dann genüsslich abnagen.

Wählen Sie beim Brokkoli etwas ältere Sorten, keine F1-Hybriden, damit sich nach der Haupternte noch eine Reihe kleinerer Seitenknospen entwickelt. So können Sie über einen längeren Zeitraum ernten und auch recht viel vom nahrhaften Strunk verwerten. Wussten Sie übrigens, dass auch Strunk, Blätter und sogar die jungen Samenstände des Brokkoli essbar sind?

Sie entscheiden sich auch für Frische, weil die feinen Böhnchen schnell ihre knackige Konsistenz und Geschmack verlieren. Die klassischen Haricots Verts können Sie extra dünn ernten, kurz blanchieren und sofort servieren. Zuckerschoten kombinieren die dickfleischigen Erbsen mit den saftigen Zuckererbsen oder Kaiserschoten und dürfen weiterwachsen, bis sie schön prall sind, mit voll entwickelten Erbsen im Inneren. Die dicken Wände sind voller Saft und Geschmack, denn 'Sugar Snap', 'Sugar Bon' und 'Sugar Ann' tragen ihre Namen bestimmt nicht umsonst. Man kann sie jung ernten und roh verarbeiten, aber auch kurz kochen und dann servieren.

Winter

Denken Sie bloß nicht, dass im Winter keine Salatpflanzen kultiviert werden können! Selbstverständlich haucht eine ganze Reihe von Blattgemüsearten im Winter ihr Leben aus, aber es gibt auch eine beachtliche Zahl, die uns mit frischen, grünen Blättern und begehrten Vitaminen versorgt. Feldsalat, Winterpostelein, Gartenkresse, Kerbel, Rucola, einige Salatsorten und Winterspinat wachsen bei milder Witterung im Winter einfach weiter. Nur bei starkem Frost sollte man die Ernte vorübergehend einstellen. Sorgt man jedoch für zusätzlichen Schutz in Form von Laub, Stroh, Lochfolie oder Vliestuch, bleiben diese Salatlieferanten den ganzen Winter über verfügbar.

Der Garten

Ergänzen Sie den salatbetonten Küchengarten mit Kräutern wie Dill, Koriander, Basilikum, Schnittlauch und pflanzen Sie Lauchzwiebeln, Knoblauch, Schalotten usw. Überall werden Salatmischungen angeboten. Oft handelt es sich um besonders farbenfrohe Kombinationen von Blattsalat, Blattgemüse, Winter- oder Sommergemüse oder Mischungen, in denen viele Farben, unterschiedliche Blattformen und Geschmacksrichtungen kombiniert werden. Säen Sie nicht zu dicht aus und geben Sie den Jungpflanzen eine Chance, sich auf mindestens 1-2 Zentimeter Abstand voneinander entwickeln zu können, damit die Vielfalt der Mischung zur Geltung kommt. Junger, bunter Mangold, alle möglichen Radicchiosorten durcheinander, Blattsalatsorten oder eine Mischung aus einer Reihe von bunten Blattkohlsorten: Sie sind alle gut zu gebrauchen, aber achten Sie auf deren abwechslungsreichen Einsatz.

300 CM X 900CM
Pflücksalat
Basilikum
Bohnenkraut
Dill
Petersilie
Koriander
Eiskraut
Knoblauch
Brokkoli
Kopfsalat
Rosmarin
Haricot Vert
Zuckermais
Zuckererbsen
Große Kapuzinerkresse
Eisbergsalat
Salbei
Neuseeländer Spinat
Kresse
Melde
Kerbel
Postelein
Rucola
Feldsalat
Thymian

Ein Küchengarten mit vergessenem Gemüse

Vielleicht ist es Ihnen noch nicht aufgefallen, aber offensichtlich haben wir eine ganze Reihe von Gemüsearten einfach „vergessen“. Einerseits scheint in den Geschäften das ganze Jahr über eine enorme Menge zu liegen, andererseits schrumpft die Vielfalt des Angebots immer mehr. Tomaten zu Weihnachten kennen wir schon und auch der Spargel hat seine Saison ausgedehnt. Das ist natürlich schade, denn mittlerweile sind fast alle Gemüsesorten das ganze Jahr über im Angebot und der eigene Charakter der Jahreszeiten geht Stück für Stück verloren. Typisches Wintergemüse wie Kohl zieht immer öfter den Kürzeren gegenüber einfacher und besser scheinendem Fruchtgemüse wie Paprika und Tomate. Und wie sieht es mit Gemüsesorten aus, die schon unsere Eltern und Großeltern aßen? Rosenkohl und Grünkohl kennen wir ja noch, eventuell auch noch Pastinake. Aber Haferwurzel und Topinambur, Steckrübe und ältere Varianten bekannter Sorten sind aus unserem Blickfeld verschwunden. Daher entscheiden sich immer mehr Gartenbesitzer dazu, dieses vergessene Gemüse zu kultivieren, damit die verlorenen Geschmackserlebnisse von früher wieder neu entdeckt werden können.

Alt oder Neu

Wer Gemüse zieht, steht oft vor der schwierigen Wahl: Wertvolle, alte Sorten wählen oder Neuheiten suchen. Eigentlich ist es nicht so schwer: Sie müssen im Garten einfach alles ausprobieren. Das bedeutet, dass Sie viel von alten Sorten und Selektionen lernen können. Vor allem auch, weil sie oft in einer bestimmten Region kultiviert und an die jeweiligen Bodentypen, Klimaverhältnisse und Anbaumethoden angepasst wurden. In der Entwicklung regionaler Sorten und Varietäten stecken oft jahrelange Erfahrungen. Das ist erst Recht der Fall, wenn solche alten Sorten im Erwerbsanbau keine Rolle mehr spielen. Sie behalten dann lediglich ihren historischen Wert und überleben in tausenden Gärten passionierter Liebhaber. Diese bezeichnet man im englischsprachigen Raum als „Seed Saver", da sie bestimmte alte Sorten am Leben erhalten und an folgende Generation weitergeben.

Die Entwicklung neuer Sorten und Selektionen ist kostspielig und zeitraubend, weshalb sie hauptsächlich im Auftrag großer Firmen vorangetrieben wird. Solche Samen und Pflanzen erfordern meistens eine Hightech-Kultivierung im Gewächshaus oder außerhalb der entsprechenden Jahreszeit und sind daher für den Amateur eher uninteressant. Aber es gibt weltweit einige Netzwerke von Liebhabern, die alte Sorten sammeln, kreuzen und selektieren. Oft starten sie mit alten, regionalen Sorten, um Verbesserungen zu erzielen, neue Eigenschaften einzukreuzen oder besondere Selektionen vorzunehmen. Daher gibt es auch eine neue Generation von Pflanzen für den Küchengarten, die im kleinen Rahmen erhebliche Unterschiede bewirken. Jeder muss für sich die Wahl aus neuen und alten Sorten treffen, um seinen ganz persönlichen Küchengarten zu gestalten.

Ackerlauch

Ackerlauch

Ackerlauch ist eine alte Variante unseres klassischen Lauchs und ein Mittelding zwischen Lauch und Knoblauch. Man startet mit den weißen, platten Pflanzknollen im August. Ziehen Sie eine 10 Zentimeter breite Furche in den Boden und pflanzen Sie die Knollen ca. 15 Zentimeter auseinander. Füllen Sie die Furche mit gut abgelagertem Kompost. Ein bis zwei Wochen später sprießt aus jeder Zwiebel eine Lauchpflanze. Die jungen Pflanzen überstehen den Winter problemlos und wachsen ab dem Vorfrühling weiter, bis sie im Sommer eine kräftige Lauchstange gebildet haben. Dann entwickeln sich rund um den Stängelansatz eine ganze Reihe dicker, weißer Knollen und im August stirbt der oberirdische Teil der Pflanze ab. Die Ackerlauchknollen können jetzt geerntet werden. Die größten Exemplare kann man essen oder für den Winter aufbewahren, die kleineren Knollen muss man sofort neu auspflanzen, damit sie noch vor dem Winter wachsen können. Eine einzige Knolle bildet 10 bis 15 neue Knollen. Nach einem Jahr hat man daher schon eine Menge Pflanzmaterial zusammen und kann dieses fleißig in Reihen auspflanzen. Pflanzen Sie die jungen Knollen im August mit 5 Zentimetern Abstand untereinander in die Reihe und geben Sie reichlich Kompost dazu. Ernten Sie in den Wintermonaten jede zweite junge Lauchstange in der Reihe. Die restlichen Pflanzen stehen dann 10 Zentimeter auseinander. Lassen Sie alles weiter wachsen und ernten dann im Frühsommer, der traditionell keine Lauchsaison ist, erneut die Hälfte der jungen, kräftigen Lauchstangen. Die restlichen Pflanzen in der Reihe stehen jetzt gut 20 Zentimeter auseinander. Lassen Sie die Pflanzen weiter wachsen und im August Knollen ausbilden. Die Pflanzen blühen im Sommer mit den bekannten lila bis violetten, 5-7 Zentimeter großen Zierlauchblüten, von denen man jedoch keine Samen erwarten kann. Die Pflanzen werden ausschließlich über die unterirdisch wachsenden Knollen vermehrt. Pflanzen und Knollen haben einen angenehmen, süßen Lauchgeschmack. Die Pflanzen folgen dem natürlichen Wachstumszyklus und haben im Gegensatz zum klassischen Lauch kaum Krankheiten oder Probleme.

Mc Gregor-Bete

Mc Gregor (Rote Bete)

Rote Bete ist weder speziell noch in Vergessenheit geraten, aber die Beliebtheit dieses Wurzelgemüses hat eine Reihe besonderer Sorten und Selektionen hervorgebracht. Mc Gregor ist eines der farbigsten und auffallendsten Ergebnisse.

Rote Bete wird im Frühling ausgesät. Ab März können die Samen in die Gartenerde. Die Kultivierung erfordert keine besondere Düngung oder Pflege. Dünnen Sie die Sämlinge (als Salatzutat verwendbar) so aus, dass sie in der Reihe zuerst 5 Zentimeter Abstand zueinander haben und beim zweiten Ausdünnen später in der Saison 10 Zentimeter. Sie können die Bete jung (5 Zentimeter Durchmesser), erwachsen (10 Zentimeter) oder mit noch mehr Platz in den Winter schicken, um große, dicke Winterbete (20–25 Zentimeter) zu ernten. Mc Gregor zeigt auffallend knallrotes Laub mit violettem oder silbrigem Schimmer. Das Blatt ist auffallend länglich und wirkt elegant. Die Knollen sind länglich und selbstverständlich tiefrot. Auch die Blätter dieser Betesorte können – wie bei der Bete allgemein üblich – gegessen werden. Ernten Sie daher nicht nur die tiefroten Knollen, sondern pflücken Sie auch regelmäßig die Blätter und profitieren damit vom Frühling (beim Ausdünnen) bis tief in den Winter von der Ernte. Alles in allem eine sehr originelle Pflanze im Garten, die auch im Winter sowohl optisch als kulinarisch viel zu bieten hat.

Rattenschwanzrettich

Rattenschwanzrettich (*Raphanus sativus var. caudatus*) ist eine exotische Variante unseres Radieschens mit einer ganz besonderen Wuchsform. Er kann ab dem Vorfrühling ausgesät werden und keimt – wie das klassische Radieschen – recht schnell. Dünnen Sie die Pflanzen auf 10 Zentimeter Abstand in der Reihe aus. Es fällt auf, dass die jungen Pflanzen sofort schießen und keine unterirdische Knolle ausbilden. Sie erreichen recht schnell eine Höhe von einem halben Meter und bilden dann zartlila Radieschenblüten. Nach der Blüte entwickeln sich die Fruchtschoten und erst dann fällt der Unterschied zum normal blühenden Radieschen auf. Die dunkelvioletten und grünen Schoten sind länglich und können bis zu 15 Zentimeter lang werden. Diese Schoten sind der essbare Teil des Rattenschwanzrettichs und werden im jungen Stadium (ca. 10 Zentimeter lang) geerntet und gegessen. Die ungewöhnlich geformten Schoten schmecken so vertraut pikant wie Radieschen.

Rattenschwanzrettich

'Vitelotte-Kartoffel'

Ähriger Erdbeerspinat

Der Ährige Erdbeerspinat (*Chenopodium capitatum*) ist eine ungewöhnliche Variante unserer Gartenmelde. Die Aussaat gestaltet sich genauso problemlos und die jungen, grünen, gepunkteten Blätter kann man wie Blattsalate ernten und verwenden. Warten Sie jedoch eine Weile, bis die Pflanzen eine stattliche Größe (ca. 40 Zentimeter breit und hoch) erreicht haben. Dann erscheint die Blüte, aus der sich die kleinen, orangeroten Früchte am Stängel bilden. In ihrem Innern schlummern die winzigen, schwarzen Samen. Die Pflanze bekommt dadurch einen besonderen Look, wobei der Geschmack der „Erdbeeren" als mäßig oder höchstens frisch einzustufen ist. Ernten Sie die Stängel, zupfen Sie die Blätter ab und servieren Sie die Stängel samt Früchte als originelle Spieße oder dippen Sie diese für etwas mehr Geschmack in eine süße oder herzhafte Sauce. Die Pflanzen säen sich im Garten problemlos selber aus.

Ähriger Erdbeerspinat

Violette Kartoffeln

Unsere Kartoffel ist ein Importprodukt aus der Neuen Welt. Macht man sich im Andengebiet auf die Suche nach ihren Wurzeln, fällt auf, dass die uns so vertrauten Knollen dort oft in ausgefallenen und farbenfrohen Spielarten angeboten werden. Eine der spektakulärsten Kartoffelsorten ist die violett-schwarze, festkochende 'Negresse' oder 'Vitelotte' mit länglicher Form. Sie kann wie normale Kartoffelsorten kultiviert werden. Pflanzen Sie die violetten Kartoffeln Ende April, häufeln Sie sie regelmäßig an und warten Sie mit der Ernte, bis das Laub ganz abgestorben ist. Servieren Sie diese besondere Kartoffel stilvoll als vollwertiges und zugleich sehr farbenfrohes Gemüse. Bewahren Sie einige schöne, nicht allzu große, gesunde Knollen als eigenes Pflanzgut für die folgende Saison auf.

Hirschhornwegerich

Hirschhornwegerich ist ein schönes Beispiel für eine „kultivierte" Wildpflanze. Diese Pflanze ist ein naher Verwandter von Spitz- und Breitwegerich, verfügt jedoch über dickere und geweihartig elegant gefiederte Blätter. Wenn man den Pflanzen etwas mehr Raum und fruchtbare Gartenerde gönnt, werden sie schön kräftig mit saftigen, essbaren Blättern heranwachsen. Schon haben Sie eine Wildpflanze in ein pfiffiges Blattgemüse für Salate verwandelt. Achtung! Entfernen Sie alle Blüten, damit keine Aussaat erfolgt, denn Hirschhornwegerich kann im Garten schnell zum Unkraut mutieren.

Hirschhornwegerich

Zuckerwurzel

Zuckerwurzel (*Sium sisarum*) ist eine Gemüsesorte, bei der man verstehen kann, warum sie beinahe ganz verschwunden ist. Die kleinen, feinen Samen können Sie im Frühling säen, sie keimen wie Möhrensamen recht langsam. Die Jungpflanzen benötigen einen Abstand von zuerst 10 und später 20 Zentimetern, um sich optimal zu entwickeln. Dieser auffallende Doldenblütler blüht wie die Möhre im 2. Jahr und ist dann ein eleganter Blickfang im Garten. Die Kultivierung der Wurzeln zieht sich jedoch lange hin und Sie sollten mit zwei Vegetationsperioden rechnen, bevor Sie am Fuß jeder Pflanze ein stattliches Bündel feiner, weißer Wurzelknollen ernten können. Deren Reinigung erfordert etwas Geduld, aber sie schmecken tatsächlich süßlich, außer dem faserigen Kern, der kaum genießbar ist. Sie können die Pflanzen auch selber über diese Wurzeln vermehren. Vielleicht ist es mittels Selektion sogar möglich, mit den besten Wurzeln eine optimierte Qualität zu erzeugen.

Zuckerwurzel

Abschließendes

Beginnen Sie noch heute mit der Anlage des neuen, perfekten Küchengartens, mit dem Sie liebäugeln und zwar einfach, weil der Küchengarten ein „Muss" ist. Der Kontakt mit der Erde, was uns an Natur übrigbleibt, das Erleben des Rhythmus und der Ruhe der Jahreszeiten und das Gefühl, sich selbst zu versorgen sind alles wichtige Gründe, die nicht unter den Tisch fallen dürfen. Gerade in einer Welt voller Elektronik, aufdringlicher Werbung und rasend schneller Medien ist es ab und zu wichtig, zur Ruhe zu kommen: vor der Natur niederzuknien und die Erde mit den Händen zu berühren. Denn dort findet sich die Grundlage für unsere Geschichte. Und diese Grundlage birgt keine besonderen Schwierigkeiten, denn sie wird schon seit Jahrhunderten von Generation zu Generation weitergegeben. Jetzt sind Sie an der Reihe, an diesem Prozess teilzunehmen. Lassen Sie sich von diesen Geschichten, diesen Infos, Pflanzen und Plänen inspirieren, aber vergessen Sie nicht, es auf Ihre Art zu machen. So wird das kleine Stückchen Erde, dass Sie selbst bearbeiten werden, zum schönsten Geschenk für die folgenden Generationen.

Samen, Pflanzgut und Material

Samen und Pflanzgut für die im Buch aufgeführten Pflanzen sind in der Gärtnerei von Peter Bauwens und Kathelijne Thiers erhältlich, weitere Informationen unter www.denieuwetuin.be. Die Samen werden auch per Post versandt.

Gemüsesaat- und Pflanzgut – einfache wie besondere und seltene Sorten – finden Sie in gut sortierten Gärtnereien und Gartencentern sowie unter anderem bei diesen Online-Händlern: www.biogartenversand.de, www.deaflora.de, www.italienische-samen.de, www.booby-seeds.de, www.irinas-tomaten.de, www.lilatomate.de, www.helenion.de.

Besondere Kräuter und Essbare Blüten gibt es unter anderem bei www.kraeuter-und-duftpflanzen.de

Obststräucher und Weinreben erhalten Sie unter anderem bei www.lubera.com und www.rebschule-schmidt.de

Mit besonderem Dank an Familie d'Ursel für die Aufnahmen von Kasteel Hex (S. 4-5, 6-7, 58-59, 64-65, 70-71 und 104-105) und Familie van Weede für die Aufnahmen in Bingerden (S. 60, 62-63, 67-69).

Register